3日で学ぶビジネスシミュレーション
～AnyLogic6 入門～

AnyLogic 6 in Three Days
First edition

Ilya Grigoryev 著
（イリヤ・グリゴレフ）
湊 宣明 監訳
AnyLogic.jp / 2013

2 AnyLogic 入門

日本の読者に向けて

親愛なる日本の読者の皆様

　AnyLogic 6 in Three Days 日本語版の出版にあたり、日本の皆様に本書を広くご紹介できることを心より嬉しく思います。AnyLogic は主要なモデリング技術を統合的に扱うことのできるユニークなソフトウェアで、世界中の 15000 名を超える研究者、及びビジネス実務家に愛用されています。一方で、AnyLogic は日本の皆様には紹介されて間もない製品です。そのため、本書はビジネス上の諸問題をモデリングとシミュレーションによって解決しようとする日本の皆様にとって革新的な情報源になると確信しています。

　本書「AnyLogic 6 in Three Days」は、シミュレーションを学び始めた初学者にとって、AnyLogic の開発環境、及びモデリング技術の基礎を学ぶのに最適なガイドブックです。また、本書は大学や大学院等のシミュレーションの講義等においてテキストとして利用することも十分可能です。

　日本語版は、日本における我々のパートナーの多大なご協力によって実現しました。特に、本書を翻訳・監訳してくださった慶應義塾大学大学院システムデザイン・マネジメント研究科の湊宣明特任准教授、町井里会様、及び AnyLogic の日本販売代理店テックサポートマネジメント有限会社の原良孝社長、猿渡宏俊様には心より感謝を申し上げます。

　最後に、皆様が本書を最後まで楽しく学習され、また、シミュレーションの学習と AnyLogic の活用を今後も継続されることを心より祈っています。

平成 25 年 9 月
著者　イリヤ・グリゴレフ
Ilya Grigoryev

4 AnyLogic 入門

序文

　本書は AnyLogic 開発者によって執筆された AnyLogic 6 の最初の実用テキストです。AnyLogic は、離散事象モデル、エージェントベースモデル、システムダイナミクスモデルという 3 つの異なるモデリング手法を同時に提供し、複合手法によるシミュレーションモデルの構築を実現したユニークなソフトウェアです。

　本書は AnyLogic の基礎トレーニングとして 3 日間で学ぶことを想定して書かれています。学習する内容は、製造モデル、倉庫モデル、消費者市場モデル、感染症モデルの 4 つです。それぞれ異なるモデリング手法を用いながらモデル構築を演習形式で進めていきます。

　本書に記載された全ての演習を終えれば、プロセス・フロー図を使用する離散事業モデル、ストック・フロー図によるシステムダイナミクスモデル、及び簡単なエージェントベースモデルの構築ができるようになるでしょう。

謝辞

　AnyLogic トレーニングを教材として書籍にするアイデアを頂き、また、執筆に際してご協力くださった Timofey Popkov 氏に感謝の意を表します。また、本書の作成に多大なご協力をしていただいた Andrei Borshchev 氏、及び価値ある提案をしていただいた Sergey Suslo 氏に感謝いたします。最後になりましたが、本書の編集にご協力いただいた Ted Enggel 氏、 George Gonzalez 氏にお礼を申し上げます。

イリヤ・グリゴレフ

Ilya V. Grigoryev
grigoryev@anylogic.com

6 AnyLogic 入門

目次

Part 1 基礎知識編 9

1. モデリング・シミュレーションの基礎 11
    1.1. モデルの種類 13
    1.2. 分析モデルとシミュレーションモデル 14
    1.3. 分析モデル（Excel を用いたスプレッドシート） 15
    1.4. シミュレーションモデル 17
    1.5. シミュレーションモデル構築の利点 18
    1.6. シミュレーションモデルの応用と抽象度の選択 19
    1.7. シミュレーションモデルを構築する 3 つの手法 21
    1.8. AnyLogic のインストールと認証 23

Part 2 モデル構築編 27

2. 離散事象モデル 31
    2.1. 離散事象モデルとは 31
    2.2. 製造(Factory)モデル 構築 33
    2.3. 基本モデル 34
    2.4. アニメーションの作成 47
    2.5. 組立作業のモデリング 60
    2.6. 梱包作業のモデリング 75

3. ネットワークベースモデル 97
    3.1. ネットワークベースモデルとは 97
    3.2. 小売業者(Retailer)モデル 99
    3.3. ネットワークと基本モデル作成 102
    3.4. 製品を運ぶトラックの追加 117
    3.5. 在庫補充方針のモデル化 123

3.6. 3Dアニメーションの追加 140
4. エージェントベースモデル 153
 4.1. エージェントベースモデルとは 153
 4.2. 消費者市場(Market)モデル 156
 4.3. 広告効果のモデリング 157
 4.4. モデル出力を視覚化 167
 4.5. 口コミ効果のモデリング 174
 4.6. 製品廃棄のモデリング 179
5. システムダイナミクスモデル 185
 5.1. システムダイナミクスとは 185
 5.2. 感染症(SEIR)モデル 構築 187
 5.3. ストック・フロー図の作成 188
 5.4. システムの振舞いの可視化 201
訳者あとがき 209

Part 1 基礎知識編

1. モデリング・シミュレーションの基礎

モデリング（Modeling）[1]とは、現実世界の諸問題を解決する手法の一つである。我々は問題の対象となる物を実際に構築し、破壊し、変化させながら、実験を行うことで正しい解決策を導出しようと試みる。しかし、多くの場合、それはあまりに高額であったり、危険であったり、あるいは、不可能であったりする。それゆえ、現実世界を一旦離れ、図 1 に示すようなモデルの世界へと一歩足を踏み出すのである。

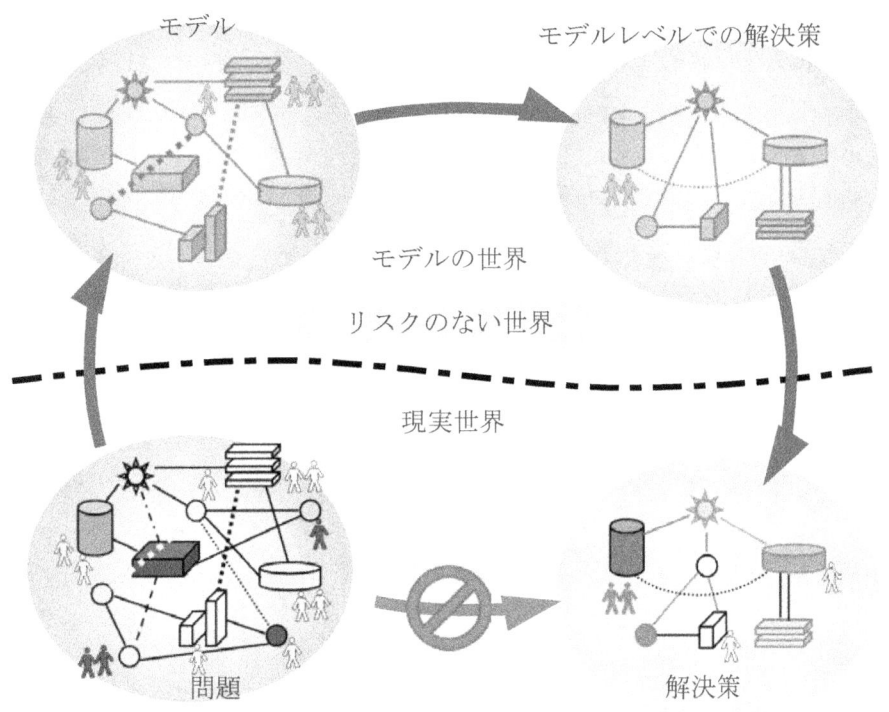

図 1 現実の世界とモデルの世界

---

[1] 本章は Andrei Borshchev 博士による著書『The Book of AnyLogic』（英語）からの抜粋である。同書（英語版）は AnyLogic のウェブサイト（URL 挿入）から部分的にダウンロードすることができる。

我々は、現存するシステムのモデルを構築するにあたり、モデリング言語を用いてそれを表現する。このプロセスには抽象化が必要とされる。抽象化とは、無関係と思われる詳細な部分は極力排除し、重要と思われるものにのみ着目することである。従って、構築したモデルの複雑性は、その基となったシステムの複雑性よりも低減するのが一般的である。

　モデル構築フェーズ、すなわち、現実世界をモデルの世界にマッピングし、抽象度を選択し、モデリング言語を選択するプロセスは、モデルによる問題解決プロセスのように形式化されていない。科学というよりもアートに属する領域であると言える。

　我々は、モデル構築の後、時にはモデル構築中においても、基となるシステムの構造や振る舞いを詳しく調べ、理解しようとする。そして、様々な条件の下でシステムがどのように振る舞うかをテストし、シナリオを比較し、さらに最適化し、最終的に解決策を現実世界にマッピングし直すのである。

　モデル化のメリットは、問題から解決策に至る道筋をリスクの無い世界においてまず見極めることができる点にある。その世界では間違いが許容され、取り消すことができ、一旦戻って再度スタートすることさえ可能なのである。

　AnyLogic は、離散事象モデル、エージェントベースモデル、システムダイナミクスモデルの3つ代表的モデリング技法をそれぞれ独立に、あるいは、組み合わせて用いることができる。本書では、まず離散事象モデルから学び、次にエージェントベースモデル、最後にシステムダイナミクスモデルへと学習を進めていく。

　それでは、最初にモデルの種類から学んでいこう。

1.1. モデルの種類

　モデル(Model)には数多くの種類(Types)が存在し、我々が現実世界(Real World)のメカニズムを理解するためのメンタルモデル(Mental Model)もその中に含まれる。現実世界とは、友人、家族、同僚、運転手、住んでいる街、購入する物、経済、スポーツ、政治、そして、あなた自身の存在などを指す。子供に何を話すか、朝食に何を食べるか、誰に投票するか、彼女をどこへ連れて行くかといった意思決定は、すべてメンタルモデルに基づいて決められているのである。

　モデル構築にはコンピュータ(Computer)が広く使用されている。コンピュータは、我々が想像し得るものは何でも簡単に作りだせるほど柔軟な仮装世界(Virtual World)を提供してくれる。もちろん、表計算ソフトウェアを用いて支出(Expense)を計算するスプレッドシート(Spread Sheet)のような簡単なモデルから、消費者市場や戦場のような動的なシステムを再現するシミュレーションモデルまで、様々な種類のモデルを構築することが可能である。

1.2. 分析モデルとシミュレーションモデル

「好きなモデリングツールや技術は何か？」という質問について大規模な組織の戦略担当者や販売予測担当者、ロジスティクス、マーケティング、又は経営管理者に対して尋ねることができたとしよう。すると最も多い回答はマイクロソフト社の Excel だと気付くだろう。Excel の明らかな利点は、どの会社のコンピュータにも搭載されており、極めて簡単に利用できることである。また、Excel は拡張可能性が高く、スプレットシートの論理(Logic)がより複雑化した場合には計算式にスクリプト(Script)を書き加えて対応することができる（図2）。

分析モデル(Analytical Model)とシミュレーションモデル(Simulation Model)との違いについて少し解説しよう。

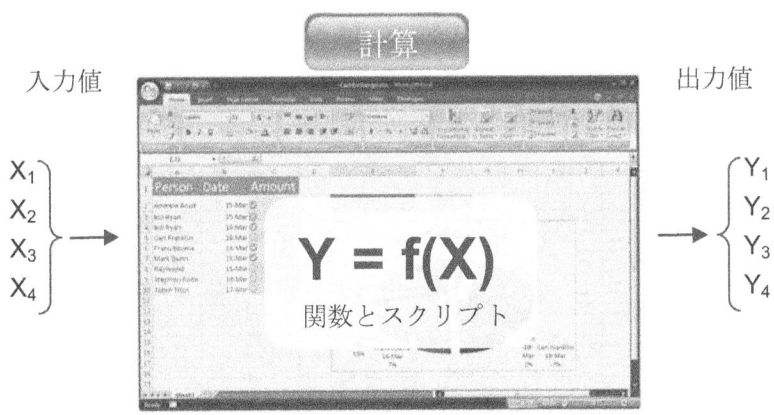

図2 Excel を用いたスプレッドシートの例

1.3. 分析モデル（Excelを用いたスプレッドシート）

　分析モデル(Analytical Model)の代表例はスプレッドシート(Spread Sheet)である。スプレッドシートを用いたモデリングの技術は至ってシンプルであり、ある特定のセルにモデルの入力値を入力すると、異なるセルに出力値が表示される。入力値と出力値は一連の関数によって、また、より複雑なモデルではスクリプトによって関連付けられており、さらに、多様なアドオン機能を用いれば、パラメトリック法、モンテカルロ法、最適化法などの実験を行うことができる。

　しかし、Excel 関数をベースにした分析モデルでは解析できない、あるいは、解を見つけることが困難な問題も多数存在する。例えば、以下のような特性を有する動的なシステムに関する問題である。

- 非線形の挙動(Non-linear behavior)
- 記憶(Memory)
- 変数間の非直観的影響(Non-intuitive influences between variables)
- 時間と因果依存関係(Time and causal dependencies)
- 上記の特性と不確実性(Uncertainty)や多数のパラメーターが組み合わされたもの

　多くの場合、上記のような複雑なシステムでは正確な関数を得ることが不可能であり、ましてや、意思決定者のメンタルモデルまで考慮することは難しい。

　ここで電車やトラック隊を最適化する問題を考えてみよう。この問題では、輸送スケジュールや荷上げ時間、荷降ろし時間、配送時間の制約、ターミナル収容可能数等の個々の要因が相互に依存し合って複雑な挙動を生み出し、Excel を用いたスプレッドシートでの分析を困難なものにしている。例えば、特定の場所、日付、時間においてある車両が利用できるかどうかは、過去の一連の出来事に依存している。また、稼働していない車両をどこに向かわせるかという問いに回答するには、将来の一連の出来事を分析する必要があるのである。

関数を用いたモデルは、一般的に変数間の静的依存関係(Static Dependency)を表現することには優れているが、動的な挙動(Dynamic Behavior)を有するシステムを表現するには適していない。そこで、動的なシステムを分析するために、シミュレーションモデリング(Simulation Modeling)という別の技術を用いるのである。

シミュレーションモデルは実行可能(Executable)なモデルである。すなわち、モデルを実行すればシステムの状態変化に関する軌道(Trajectory)を与えてくれる。従って、シミュレーションモデルとは、システムが現在の状態から次の状態へどのように遷移するかを教えてくれる一連のルールとして捉えることも可能である。ここでいうルールは、微分方程式(Differential equation)やステートチャート(Statechart)、プロセス・フロー図(Process Flowchart)、スケジュール(Schedule)といった様々な形態をとる。シミュレーションモデルでは、モデルを実行すると出力(Output)が発生し、結果を観察することが可能なのである。

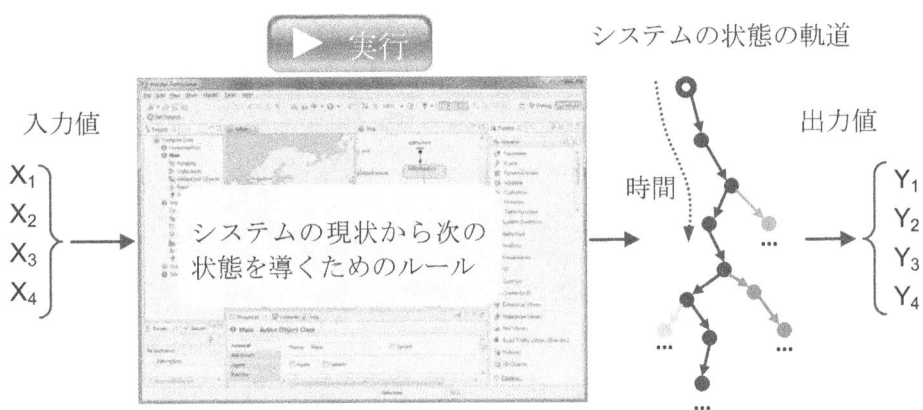

1.4. シミュレーションモデル

　シミュレーションモデルの構築には、モデルをグラフィカルに記述するにせよ、テキストで記述するにせよ、特定のシミュレーション言語を使用する特別なソフトウェアツールを用いるのが一般的である。修得には相当の時間を要するが、ソフトウェアを使用することで動的システムに関する質の高い分析ができるようになる。

　Excel 上級者であり、かつ、プログラミング経験があると自負している人は、動的システムのモデルをスプレッドシートで構築しようと試みる。彼らは、より詳細に設計しようとすればするほど、必然的に Excel のシミュレーション機能を用いてモデルを再現しはじめる。結果として構築されたモデルは実行速度が遅く、かつ、その扱いも難しいために、すぐに使われなくなってしまうことが多いのである。

　仮想世界においては、部分の詳細について分析的モデルを用いて再現することは極めて困難である。ある設定を導く関数があったとしても、わずかな変化が設定を無効にするため、設定を修正するには高度な数学の専門家が必要になってしまうからである。

1.5. シミュレーションモデル構築の利点

シミュレーションモデルを構築する利点は主に以下の 6 つである。

1. シミュレーションモデルを使えば、数値計算や線形計画法では扱えないようなシステムを分析し、解決策を導出することができる。

2. 抽象度を適切に選択した後であれば、シミュレーションモデルの構築は分析モデル構築よりも単純な作業となる。作業要求は一般的に少なく、拡張的(Scalable)、段階的(Incremental)で、モジュール化(Modular)された作業を求められるだけである。

3. シミュレーションモデルの構造は必然的にシステムの構造を反映している。シミュレーションモデルは大抵の場合視覚的言語(Visual Language)を用いて構築されているため、モデルの内部構造について外部の人とも簡単にコミュニケーションを図ることが可能である。

4. シミュレーションモデルでは、選択した抽象度より上のレベルの価値を測り、また、エンティティを追跡することができ、いつでも測定結果と統計分析を加えることができる。

5. シミュレーションの利点の一つは、時系列でのシステムの振る舞いをアニメーション化して動かせる機能にある。アニメーションは人に見せるためだけではなく、検証やデバッグ作業にも利用できる。

6. シミュレーションモデルは Excel のスプレッドシートよりもはるかに説得力がある。シミュレーション結果を使えば、数字だけを使って提案をする場合よりも優れた提案が可能となる。

1.6. シミュレーションモデルの応用と抽象度の選択

シミュレーションモデルには様々な応用先があり、数多くの分野において成功を収めている。新しいモデリング手法とテクノロジーの出現、さらには、コンピュータ処理能力の飛躍的高まりにつれて、シミュレーションモデルを構築することで問題を解決に導く場面はますます増えていくと予想される。

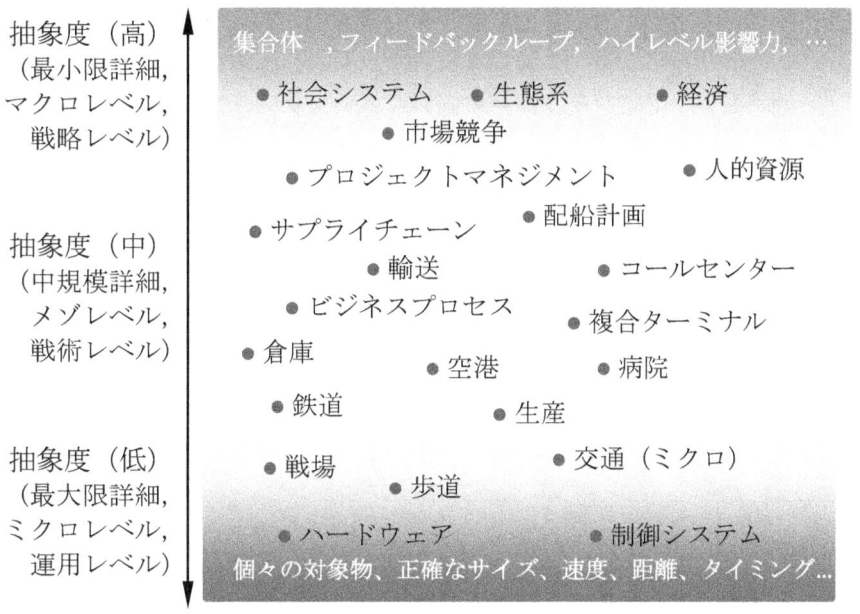

図3 シミュレーションモデルの対象と抽象度

図3は、シミュレーションモデルの対象をそのモデルの抽象度によって分類したものである。抽象度が一番低いレベルには、現実世界の対象をできるかぎり詳細に再現する物理モデルが分類されている。このレベルでは、物理的な相互作用や範囲、速度、距離、タイミングに注意を払う。自動車のアンチロック・ブレーキシステム、競技場からのサッカーファンの避難行動、信号機によって制御された交差点の交通量、戦場での兵士の交戦などは低い抽象度が要求されるモデル構築の例である。

一番上には抽象度の高いモデルが位置している。これらのモデルでは、個々のオブジェクトを扱うのではなく、消費者人口や雇用統計といった総体のみを扱う。オブジェクトは高いレベルで相互作用しており、中間レベルの過程をモデル化しなくても、例えば、企業の広告投資が売上にどのように影響するかといった関係性を示してくれる。

　中程度の抽象度のモデルには、例えば、病院の救急病棟をモデリングする場合がある。救急室から X 線室まで歩いてどのくらいかかるか知るためには物理的空間を考慮に入れるが、建物内は混雑していないと想定すれば、建物内の人々の身体的接触は無関係と考えることができる。また、ビジネスプロセスやコールセンターのモデルでは、オペレーションが発生している場所の状況そのものではなく、オペレーションの流れとその処理時間をモデル化する。さらに輸送モデルではトラックや車両の速さを入念に検討するが、高レベルのサプライチェーンモデルでは発注してから到着するまでに 7 日から 10 日要すると仮定するだけである。

　モデリングを成功させるためには、正しい抽象度を選択することが極めて重要である。選択した抽象度を基準にして、モデルの中に何を包含し何を排除するかを決めさえすれば、モデリング手法を選択することは難しいことではない。また、モデル構築段階では、適切な抽象度を繰り返し検討することが普通であり、むしろ、望ましい。多くの場合、高い抽象度でモデル構築を開始し、必要に応じて徐々に詳細を加えていく。

1.7. シミュレーションモデルを構築する3つの手法

　シミュレーションモデル構築の手法(Method)とは、現実世界のシステムをモデルの世界へとマッピングする際に用いるフレームワーク(General Framework)のことを指す。手法によって使用する言語の種類やモデル構築の条件が異なる。現在では、主に離散事象モデル、エージェントベースモデル、システムダイナミクスモデルの3つの手法が使用されている（図4）。

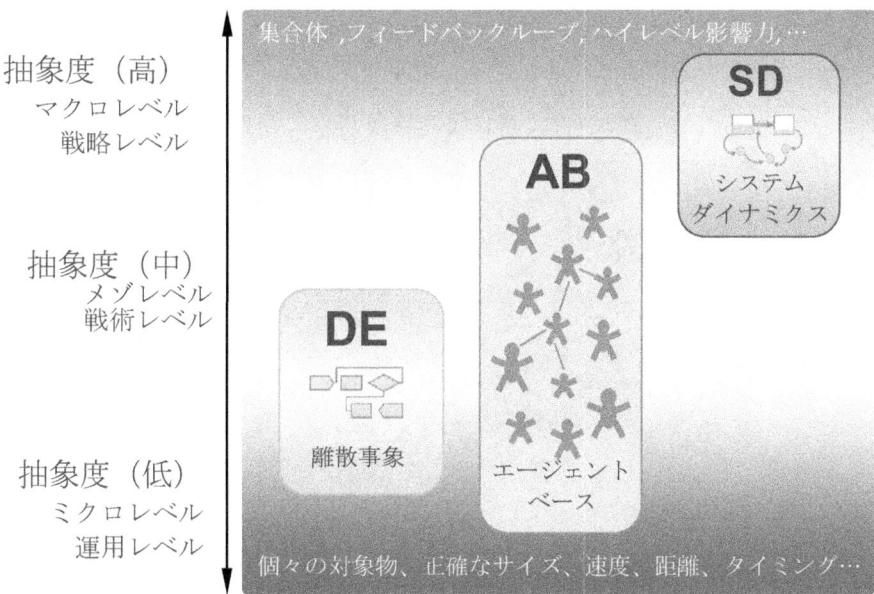

図4　シミュレーションモデル構築手法

　適用する手法は抽象度によって異なる。システムダイナミクスモデルは高い抽象度を想定し、一般的に戦略レベルでのモデル構築に使用される。離散事象モデルは、中からやや低いレベルの抽象度のモデル構築に使用する。中間に位置するエージェントベースモデルでは、物理的対象をエージェントとする非常に詳細なモデルから、競合する企業や政府をエージェントとした抽象度の高いモデルまでを扱うことが可能な手法である。

次に、モデル化する対象システムとモデル化の目的を十分検討した上で、慎重に手法を選択する必要がある。

今、モデル構築者がスーパーマーケットをどのようにモデル化するかという問題を考えているとしよう（図 5）。この場合、モデル構築者は顧客をエンティティ(Entity)とし、従業員を資源(Resource)として扱うプロセス・フロー図を構築することもできるし、広告やコミュニケーションによって影響を受ける消費者をエージェントとみなし、消費者と従業員との相互作用も含めたエージェントベースモデルとして構築することもできる。また、広告やサービスの質、価格、顧客ロイヤリティによって売上が影響を受けるフィードバック構造としてシステムダイナミクスモデルを構築することもできる。

時には、システムの一部にだけ異なるモデリング手法を用いることで最適なモデルを構築できる場合がある。マルチメソッドによるモデル構築アプローチを採用することで、要求を満たすモデル構築が可能になるのである。

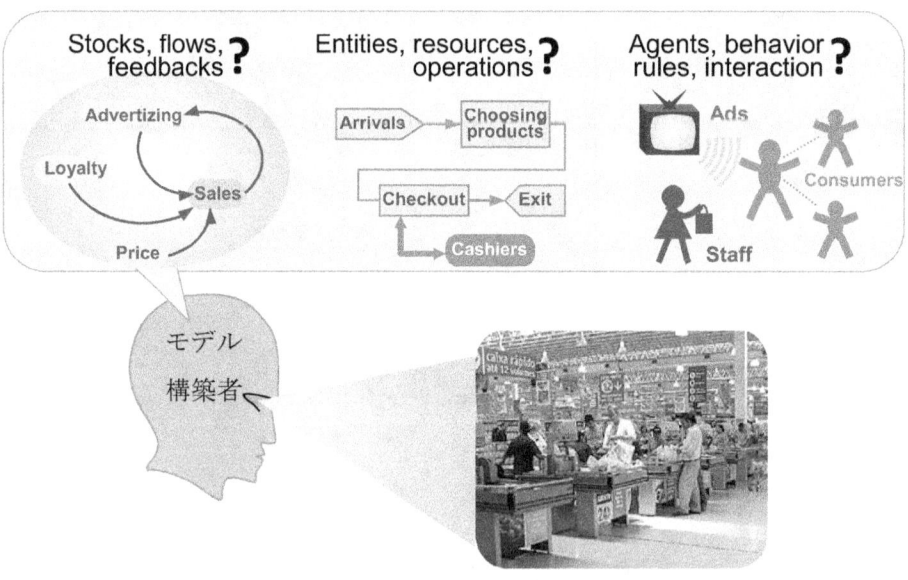

図5 スーパーマーケットのモデリング

1.8. AnyLogic のインストールと認証

　AnyLogic 6 Professional のインストールはウィザードを用いて行う。最初に www.anylogic.com から AnyLogic 6 をダウンロードし、下記のステップに従ってソフトウェアをインストールする。

1. AnyLogic を起動する。まだ認証されていない場合は AnyLogic Activation Wizard が自動的に表示される。

2. Activate AnyLogic ページで Request a time-limited Evaluation Key. The key will be sent to you by e-mail. を選択し、Next をクリックする。

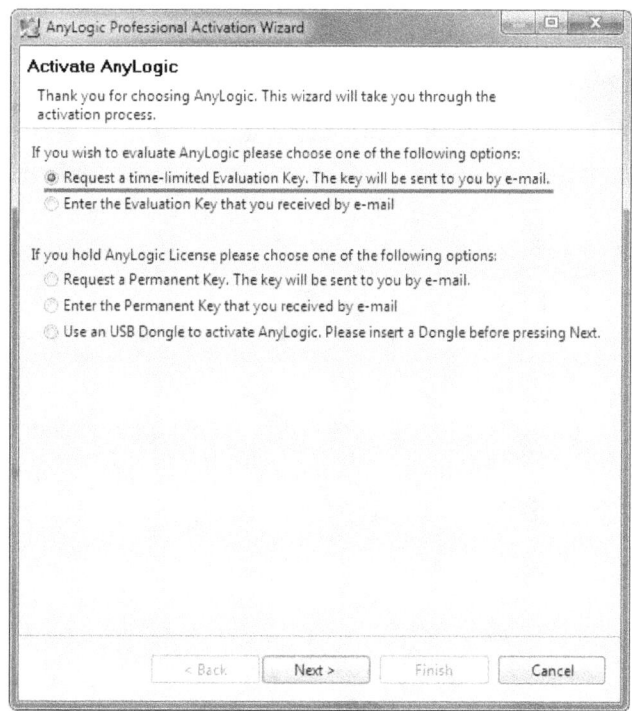

24 AnyLogic 入門

3. **AnyLogic License Request** ページで、個人情報を入力し、**Next** をクリックする。要請を送ると、確認メールが届く。その後、電子メールで評価キー(evaluation key)を受理する。

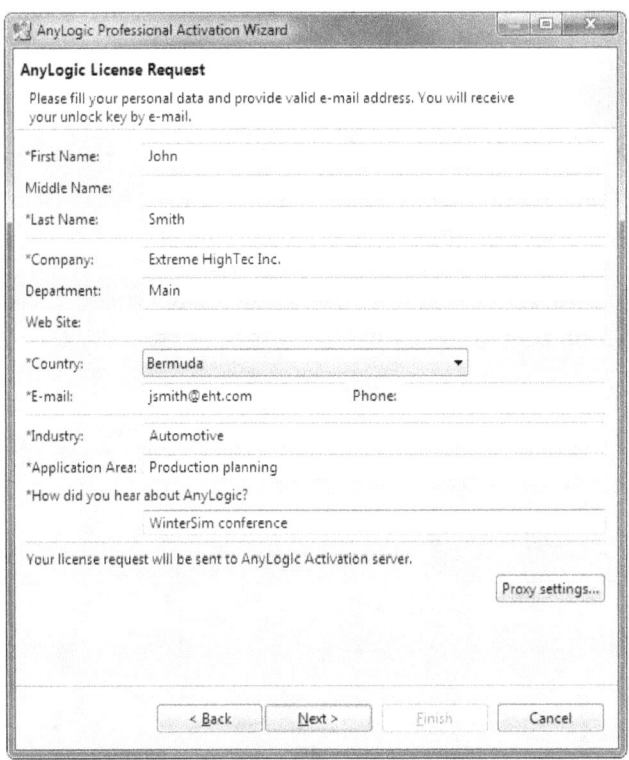

4. 認証キー(activation key)を受理した後、AnyLogic activation wizard を開く。最初のページで **Enter the Evaluation Key that you received by email** を選択し、**Next** をクリックする。

AnyLogic 入門   **25**

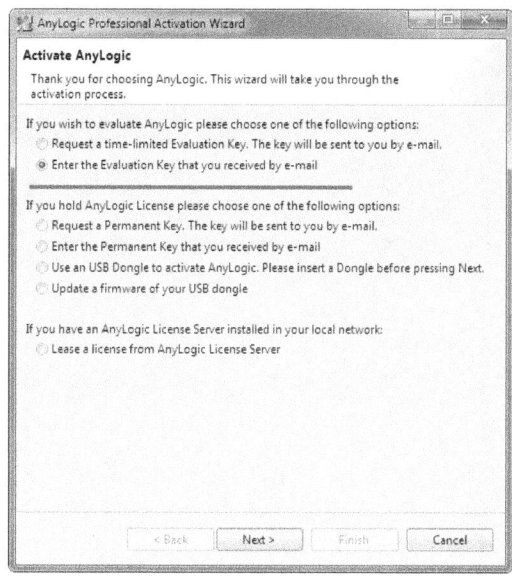

5. 受理した電子メールメッセージから認証キー(activation key)をコピーし、
   Please paste the key here に貼り付け、**Next** をクリックする。

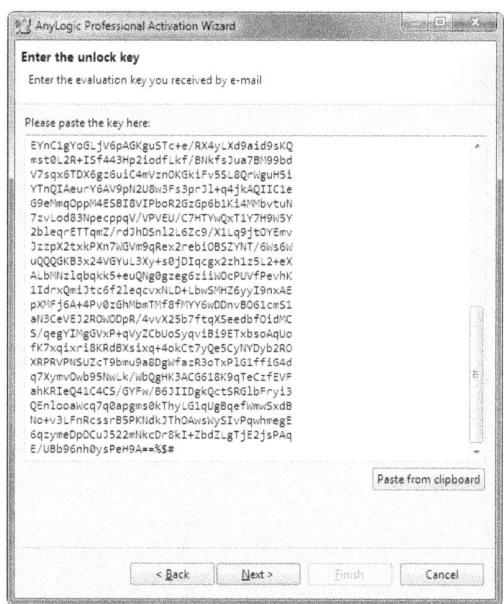

26　AnyLogic 入門

6. 製品が認証されたことを通知するメッセージを確認する。

7. **Finish** をクリックする。これで **AnyLogic** のインストールは完了である。

Part 2 モデル構築編

Discrete-event Modeling

離 散 事 象 モ デ ル

2. 離散事象モデル

2.1. 離散事象モデルとは

　離散事象モデリングは、システムダイナミクスとほぼ同時期に誕生した。1961 年、IBM 社のエンジニアであった Geoffrey Gordon が GPSS を初めて導入し、これが離散事象モデリングの最初の実施例であったと言われている。今日では GPSS の発展版を含む数多くのプログラムが離散事象モデル構築を可能にしている。

　離散事象モデリングでは、モデル構築者はシステムをプロセスとして捉えることを求められる。言い換えれば、エンティティ（**Entity**）を巡って行われる一連のオペレーションに着目してモデルを構築するのである。

　オペレーションには、遅延や様々な資源によるサービス提供、プロセスに関する支流の選択、分割、結合、その他が含まれる。エンティティ(**Entity**)が資源を奪い合い、遅延が発生する限り、離散事象モデルには待ち行列が発生する。離散事象モデルはプロセス・フロー図を用いて可視的に表現され、各オペレーションはブロックにより表現される。通常、フローチャートはエンティティを生成する "**source**" ブロックから始まり、プロセスにインプットを行い、モデルからエンティティを取り除く "**sink**" ブロックで終了する。

　エンティティ（**GPSS** では取引(**Transaction**)）は、顧客、患者、通話、物理的／電子的書類、パーツ、製品、アイデア、パレット、コンピュータ取引、乗り物、作業、プロジェクト、アイデア等を再現する。リソースは、従業員、医師、オペレーター、労働者、サーバー、**CPU**、コンピュータメモリ、設備、輸送等を再現する。通常、サービス時間及びエンティティの到着時間はある確率分布を伴う確率過程である。従って、離散事象モデルも確率過程となる。よって、有意義な成果を出すまでには、モデルを一定時間以上作動させるか、あるいは、反復して作動させなければならない。

離散事象モデルを利用することで、一般的には以下のようなアウトプットを得ることが可能となる。

- 資源の利用状況
- エンティティがシステム内、又はその一部に滞在する時間
- 待ち時間
- 待ち行列の長さ
- システム処理量
- ボトルネック
- エンティティ処理費用及び構造

2.2. 製造(Factory)モデル 構築

最初に洗濯機組立工場の離散事象モデルを構築しよう。

洗濯機は本体とドアから構成される単純なものを仮定する。この工場では指数分布に基づいて部品が到着し、移送コンベアー(Conveyer)が部品を組立作業場(Assembly Station)へと運ぶ。そして、組立作業場でロボットが本体にドアを取り付けた後、再び移送コンベアーが洗濯機を梱包作業場（Packaging Zone）へと運び、労働者の手によって梱包される。完成した洗濯機は 10 台毎にまとめて工場からトラックで出荷される。

モデルの構築は 5 段階に分けて行い、それぞれの段階が終わる毎にモデルの動作を確認しながら構築を進めていこう。

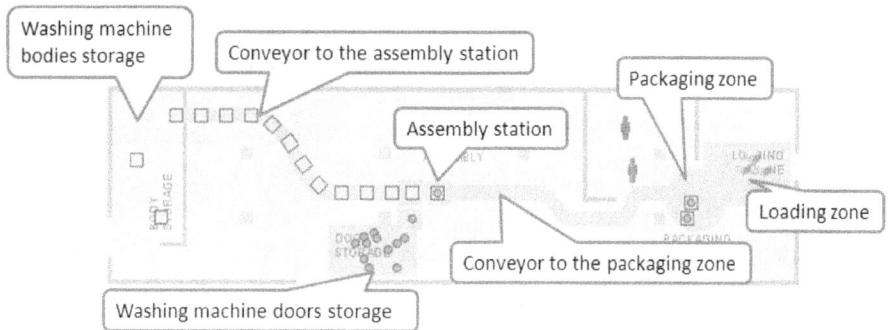

2.3. 基本モデル

洗濯機本体はどのように工場に配送されるか、移送コンベアーが洗濯機本体をどのように組み立て作業場(Assembly station)へ運ぶかという点に注目し、単純な基本モデルをまず構築する。

AnyLogic を起動するとウェルカムページ（Welcome Page）が表示される。AnyLogic の概要と主要機能が紹介され、また、AnyLogic 社のウェブサイトへ移動してサンプルモデルを入手することができる。

1. ウェルカムページを閉じて、**AnyLogic** のメインメニューより **File|New|Model** を選択し、新規モデルを作成する。**New Model** ウィザードが表示される。

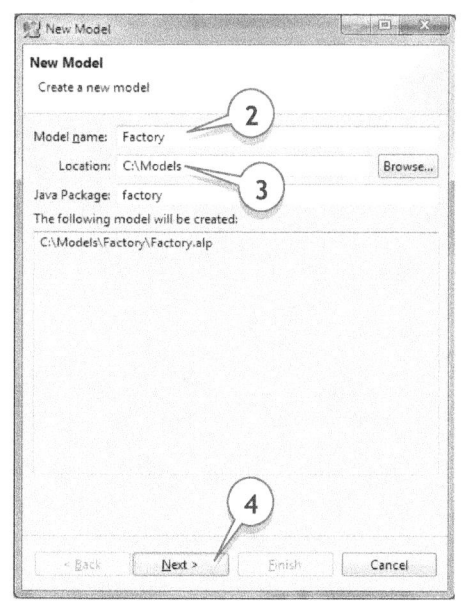 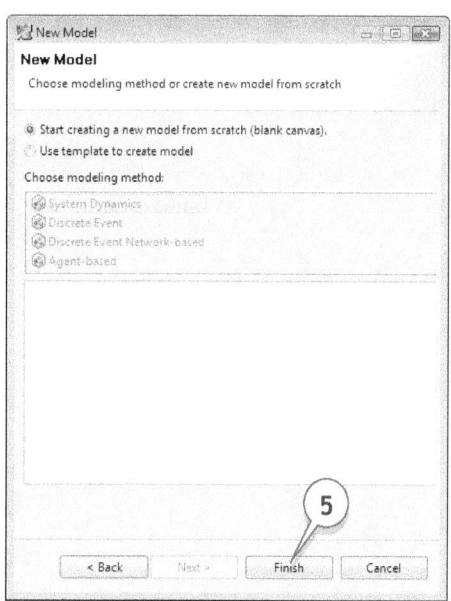

2. Model name ボックスに新しいモデルの名前 *Factory* を入力する。

3. **Location** ボックスで、モデルを作成するフォルダを選択する。**Browse** ボタンをクリックしてフォルダを選択するか、**Location** ボックスに作成したいフォルダの名前を入力する。

4. **Next** をクリックし次のページを表示する。モデルをゼロから作成するか、テンプレートから作成するかを選ぶことができる。

5. 最後に Finish をクリックしてウィザードを閉じる。

📖 AnyLogic ユーザインターフェース

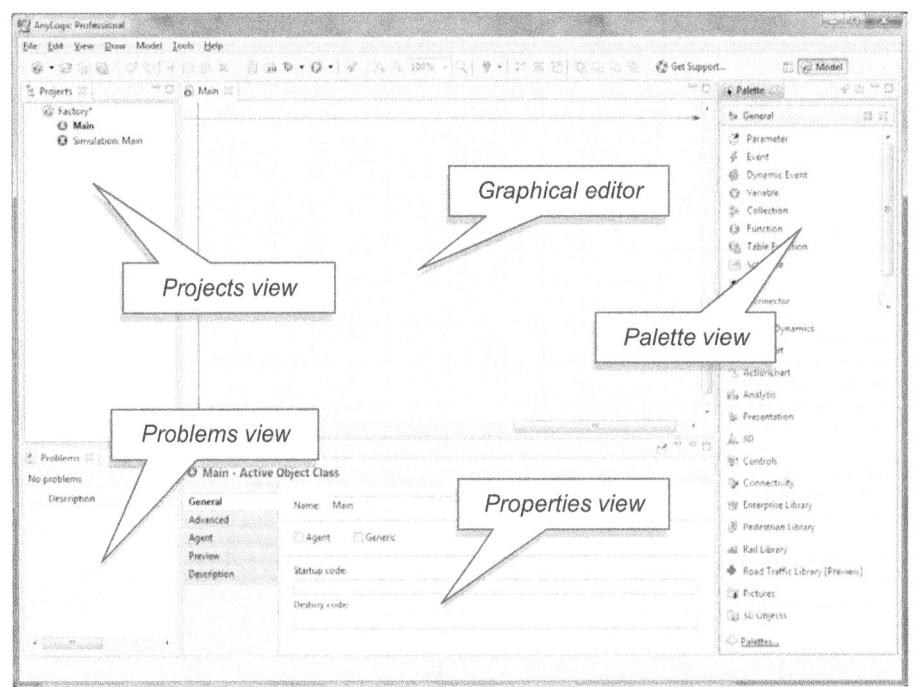

- グラフィカル・エディタ　（Graphical editor）

  アクティブオブジェクトクラス(Active Object Class)を可視的に編集することができる。

- プロジェクト・ビュー（Projects view）

  ワークスペースに開いた AnyLogic モデルに対するアクセスを提供する。また、ワークスペースのツリーは容易にモデルをナビゲートしてくれる。

- パレット・ビュー（Palette view）

  モデル構築に用いる要素をグループ毎に表示する。モデルに対して要素を追加するためには、パレットからグラフィカル・エディタ上へ、要素をドラッグする。

- プロパティ・ビュー（Properties view）

  選択された項目のプロパティを確認して変更することができる。

- プロブレム・ビュー（Problems view）

  モデルを開発しコンパイルした時に発生するエラーを表示する。

> これから、AnyLogic エンタープライズ・ライブラリ(Enterprise Library)を利用して、洗濯機の組立工場のモデルを構築する。

📖 エンタープライズ・ライブラリ

- エンタープライズ・ライブラリ(Enterprise Library)は、離散事象を再現したい場合に用いる標準ライブラリである。より正確にはプロセス中心のモデリングを行いたい場合に利用する。

- エンタープライズ・ライブラリを用いることでエンティティ（取引、顧客、製品、部品および乗物等）、プロセス（一般に待ち行列、遅れ等を含んでいる一連のオペレーション）およびリソースを消費する現実世界のシステムをモデリングすることができる。

- プロセスはフローチャートにより定義する。それは製造、コールセンター、ビジネスプロセス、ロジスティクスおよびヘルスケアで用いられるプロセスを可視的に表現したものである。フローチャートはエンタープライズ・ライブラリ(Enterprise Library)・オブジェクトから構築する。

- AnyLogic のフローチャートは階層的で、計量的で、拡張的であるため、大規模かつ複雑なシステムをどのような詳細度であってもモデル化することを可能にする。さらに、そのプロセスについて精巧なアニメーションを作成することができる。

6. Palette ビューの Enterprise Library パレットをクリックして開く。Enterprise Library パレットから Main アクティブオブジェクトクラスのグラフィカル・エディタに必要な要素を追加することができる。

38　AnyLogic 入門

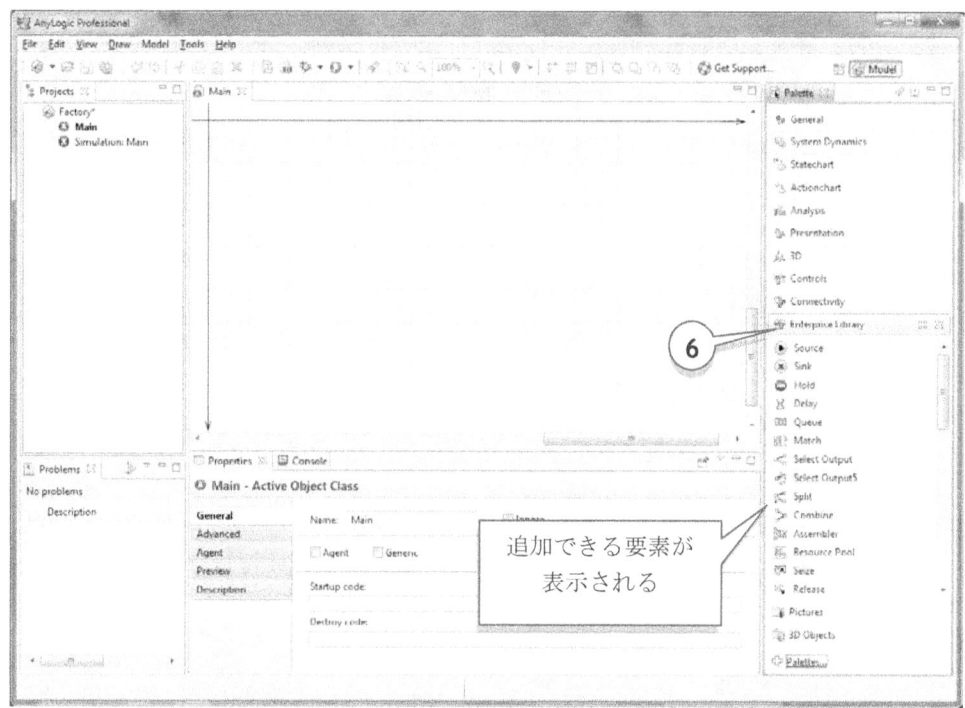

> エンティティを生成させるために Source オブジェクトを追加する。Source オブジェクトはプロセスの出発点となる。従って、モデル内で洗濯機本体を生成させるためには Source オブジェクトを配置しなければならない。

7. Enterprise Library パレットからグラフィカル・エディタ上へ Source をドラッグする。この手順がエディタに対して要素を追加する最も簡単で最も一般的な方法である。

AnyLogic 入門   39

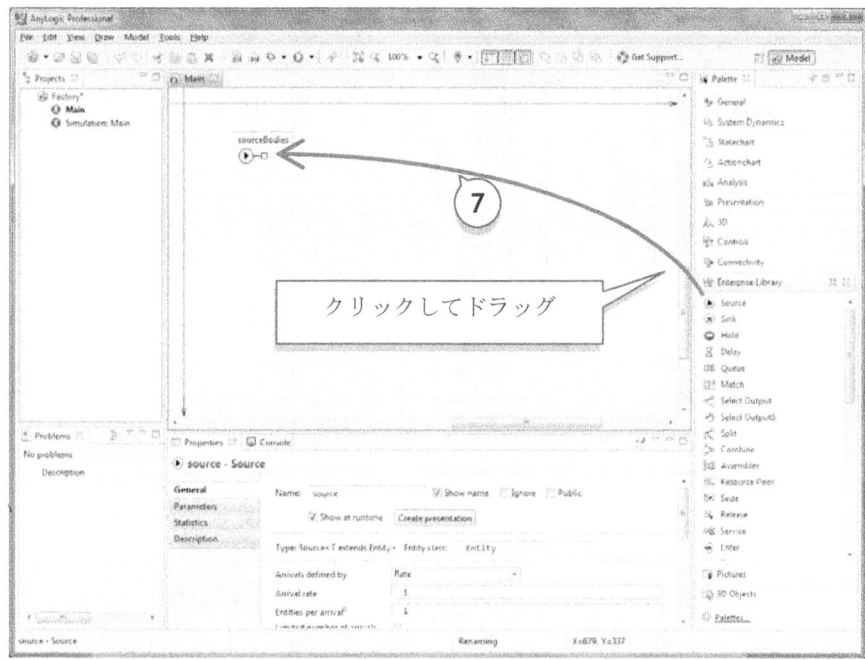

8. グラフィカル・エディタへ要素をドラッグし、要素の名前が選択された状態になっていることを確認する。この状態の時、オブジェクトの新しい名前 sourceBodies を入力することができる。

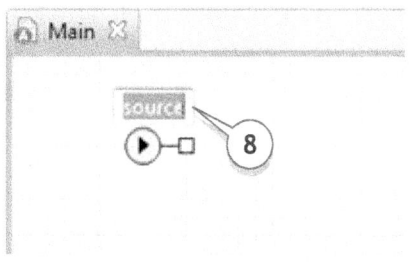

9. エディタ上へ Queue オブジェクトを追加し、*bodies* と名前を付ける。

Queue オブジェクトは、プロセス・フローの次のオブジェクトにより受け付けられるのを待っているエンティティの待ち行列（バッファー）やエンティティの保管状態をモデル化することができる。移送コンベアーで洗濯機本体を運ぶことができるまでの保管を再現するため、ここでは Queue を追加する必要がある。

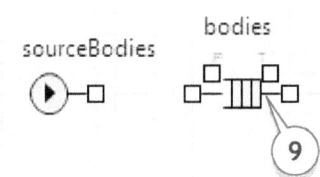

10. Conveyor オブジェクトを追加し、*conveyorBodies* と名前を付ける。

Conveyor オブジェクトは、最小限の間隔を保ちつつ、与えられた速度で経路に沿ってエンティティを移動させる。今回のモデルでは洗濯機本体を運ぶ移送コンベアーを再現している。

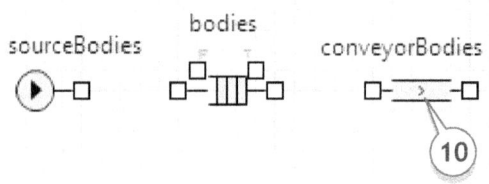

11. Sink を追加する。

Sink オブジェクトはエンティティを一連のプロセス・フローから取り除く。通常はフローチャートの終点に配置される。

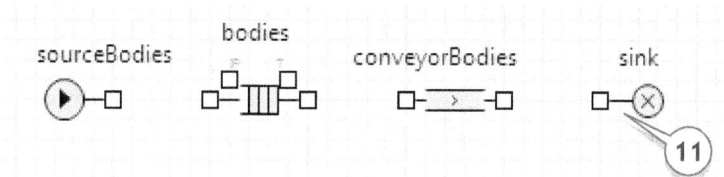

フローチャート・オブジェクトの Port □を相互に接続することにより、エンティティのルートを定義する。

---

12. *sourceBodies* オブジェクトの右 Port □と *bodies* オブジェクトの左 Port □を接続する。Port を接続するためには、接続したい Port をダブルクリックする。

13. 接続先となる別の Port をクリックする。Port と Port とを連結する Connector が接続されたかどうかを確認する。

緑の円が表示されていれば Connector のポイントが正しく Port の内部に接続されている。Connector を選択しても緑の円が表示されなければ、Connector は正しく接続されておらず修正する必要がある。

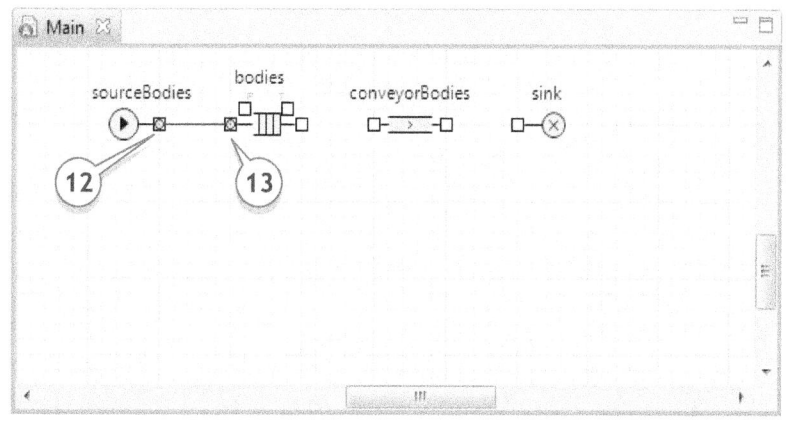

14. 他のフローチャート・オブジェクトの Port を下図のように接続する。

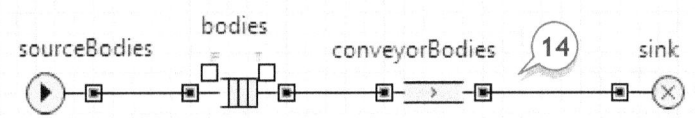

> このステップでフローチャートを通過するエンティティの経路を定義している。エンティティが Source オブジェクトから生成された後、モデルは、それを Source オブジェクトの出力 Port に接続されたフローチャート・オブジェクトへと渡す。経路を定義する際、後のオブジェクトの左 Port にオブジェクトの右 Port を接続することに注意してほしい。その理由は、エンタープライズ・ライブラリ(Enterprise Library)・オブジェクトには入力 Port と出力 Port があるからである。出力ポートが右側に表示されているときに、入力ポートはオブジェクトのアイコンの左側に配置されている。出力ポートから入力ポートへしか接続はできない。

15. Projects ビューの中で、モデル項目の近くにアスタリスクが見えることがある。それはモデルに保存されていない変更があることを示している。

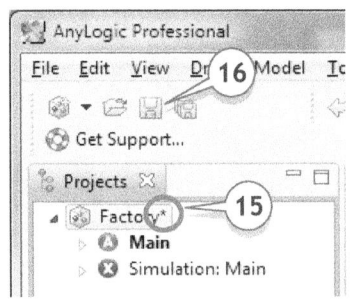

16. ツールバーにある、save をクリックし、モデルを保存する。

> これで基本モデルの構築は完了である。モデルを実行し、システムの振る舞いを確認することができる。

17. ツールバーの Run ボタンの右側にある小さな三角形をクリックする。

18. 実行したいシミュレーションを選択できる。リストから、Factory/Simulation を選ぶ。ワークスペース（ProjectsView）内に複数のモデルを開いておき、設定条件が異なる複数のシミュレーションを実行することができる。

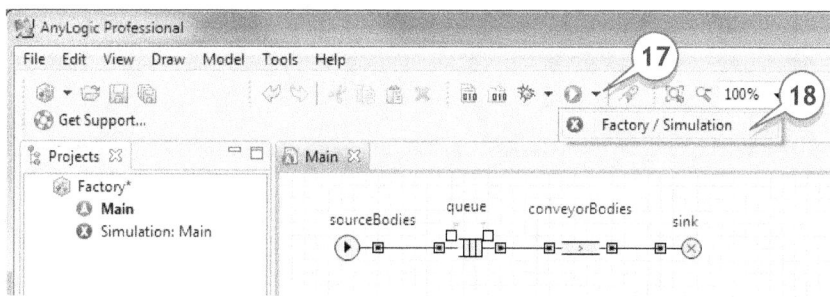

19. 起動したシミュレーションの状態を出力するプレゼンテーション・ウィンドウ(Presentation window)が表示される。デフォルトでは Run the model and switch to Main view ボタンが表示されている。ボタンをクリックしてモデルを実行する。

44　AnyLogic 入門

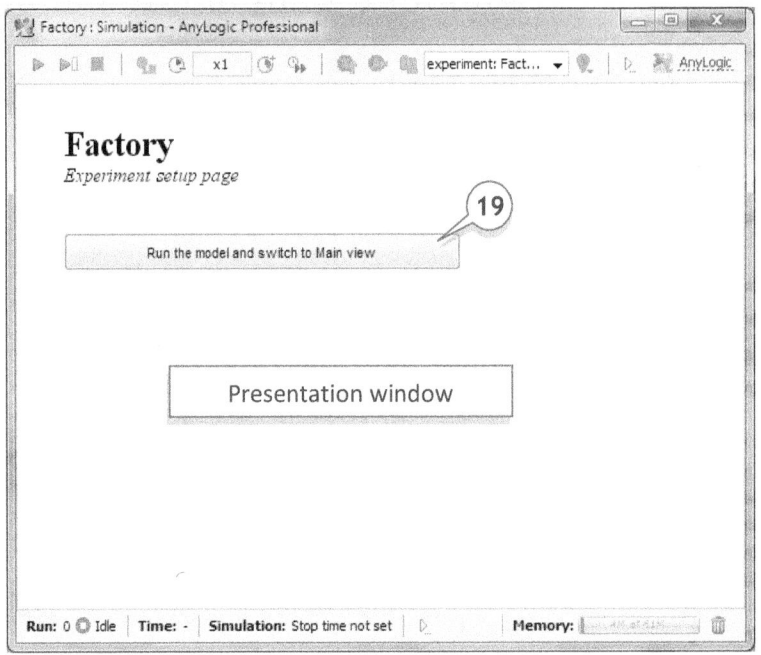

フローチャートに付属したアニメーション機能によりモデルの状態を確認することができる。アイコンの上部の数は、オブジェクトがどれだけのエンティティを移送しているか示している。オブジェクト Port の近くの数はどれだけのエンティティが Port を通過したか示している。

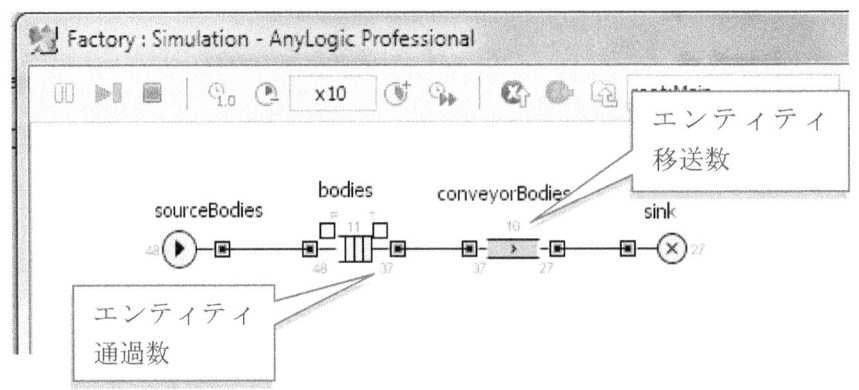

20. オブジェクトをクリックすると、インスペクション・ウィンドウ (inspection window)を表示できる。

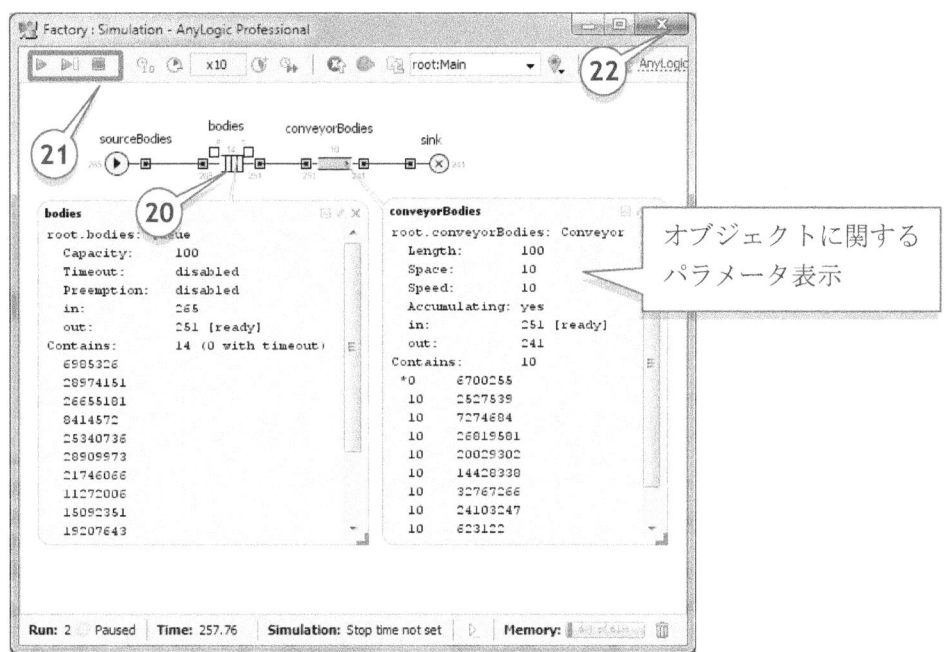

21. AnyLogic のプレゼンテーション・ウィンドウ(Presentation window)上部のツールバーを利用して、モデル実行を操作することができる。

- ▷ **Run from the current state**

    [モデルが実行されていないときに表示]シミュレーションを開始する。シミュレーションが一時停止された場合、それを再開する。

- ▷| **Step**

    1モデル・イベントを実行し、モデルの実行を一時停止する。

- ‖ **Pause**

    [モデルが実行されているときに表示]シミュレーションを一時停止する。いつでも再開することができる。

- ■ **Terminate execution**

    現在のモデル実行を終了する。

22. プレゼンテーション・ウィンドウ(Presentation window)を閉じる。

2.4. アニメーションの作成

工場に洗濯機本体を保管するエリア、および移送コンベアーを可視化するためのシンプルなアニメーションを追加する。まず、工場のレイアウト画像を追加することから始める。

1. **Presentation** パレットを開く。パレットには、**Rectangle**、**Line**、**Oval**、**Polyline**、**Curve** など、モデルに描画できる幾何学的図形が揃っている。

2. パレットからグラフィカル・エディタ上へ、**Image** をドラッグする。

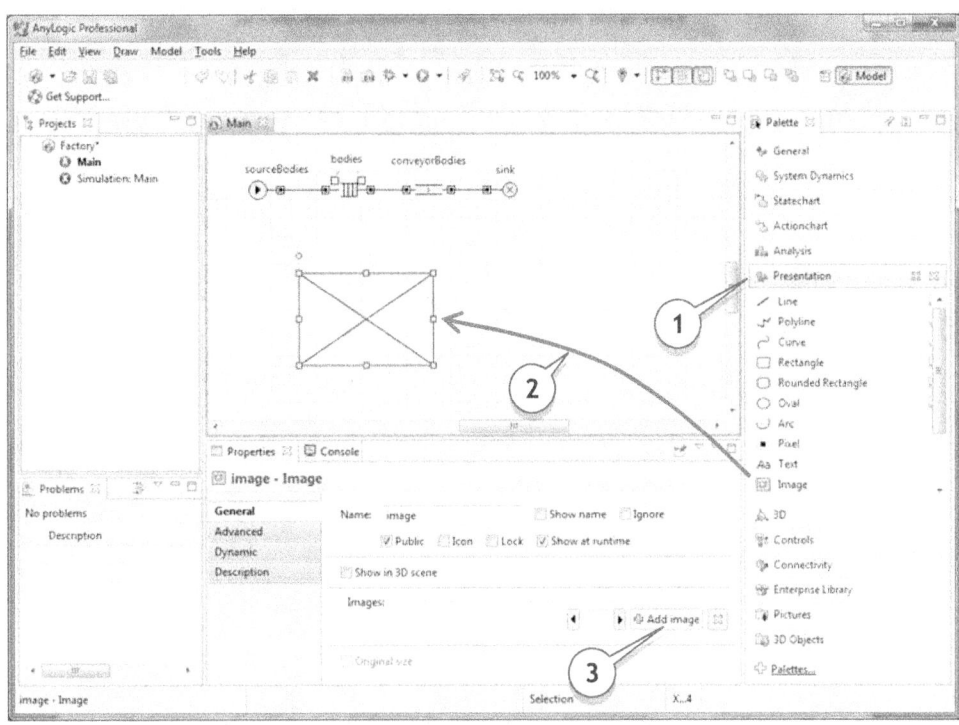

3. Image が表示する画像ファイルを選択する。Properties ビューの General タブにある、Images エリアで、Add image をクリックし、AnyLogic フォルダ内にある *resources/AnyLogic in 3 days/Factory* から *factory_layout.png* を選択する（要 AnyLogic 6.8 以降）。

> ファイルパスにある AnyLogic フォルダは、Program Files/AnyLogic 6 Professional のように AnyLogic をインストールした場所を示している。

4. 画像のオリジナルのサイズを利用するために、Properties ビューの General タブで、Original size チェックボックスを選択する。デフォルトでは、Image のサイズに画像のサイズを合わせる。画像のサイズを変更することはできるが、画像の縦横比が変わることに注意する。Original size チェックボックスを選択することにより、画像はオリジナルのサイズで、歪まずに表示できる。

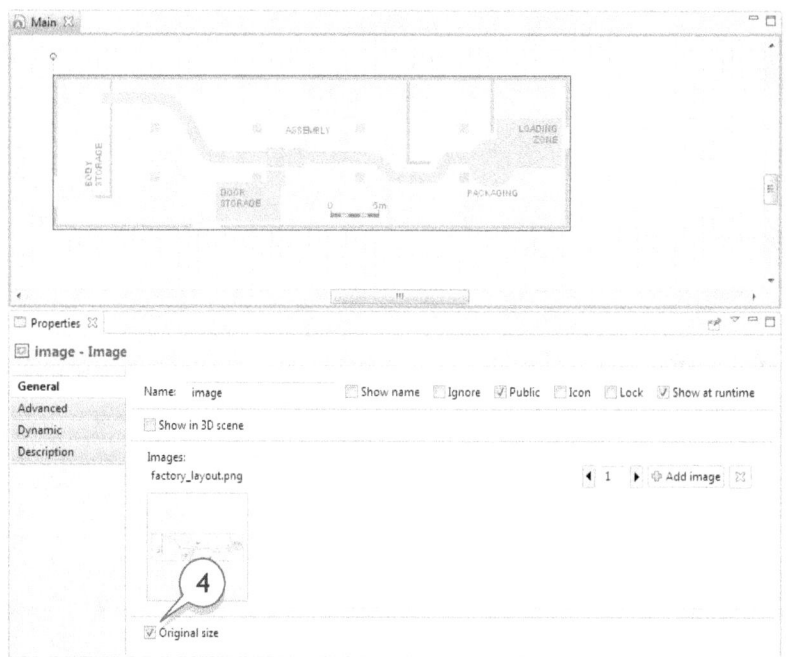

5. 画像をロックするために、Properties ビューの General タブで、Lock チェックボックスを選択する。画像をロックすることでグラフィカル・エディタ上でのマウスのクリックや選択に反応しない状態を維持できる。工場や病院のレイアウトのようにアニメーションの基礎や背景画像として利用するときに便利な機能である。

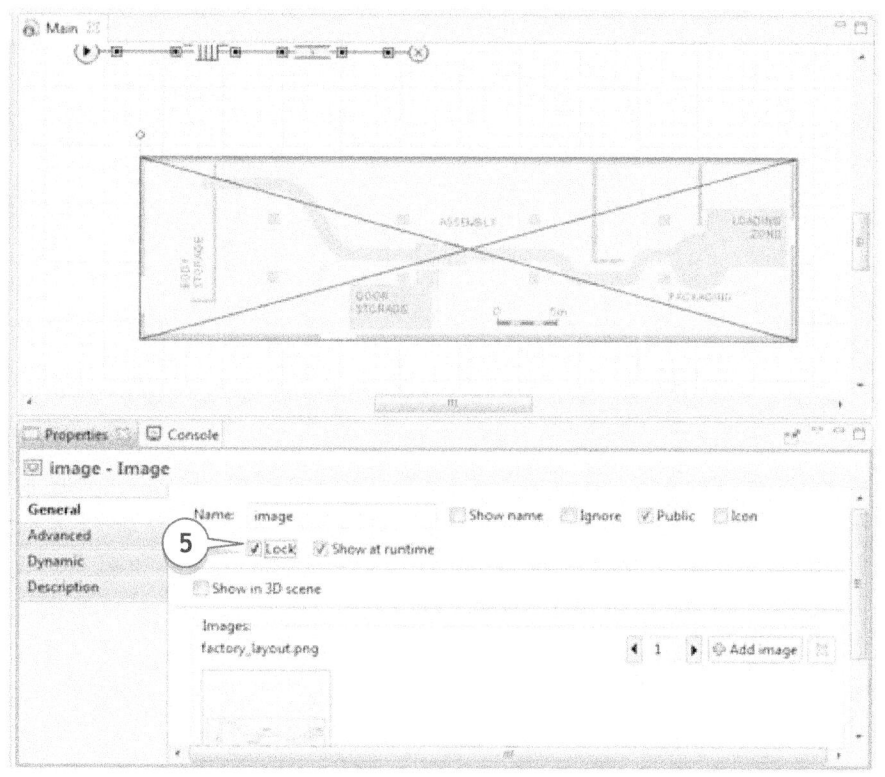

洗濯機本体の保管エリアのアニメーションを描き入れる。工場のレイアウト上に対応するエリアを見つけ、レイアウトに一致するように Rectangle を描き入れる。

6. Presentation パレットの、Rectangle をダブルクリックし、描画モードにする。

7. レイアウトの洗濯機本体保管(BODY STORAGE)エリア一帯に Rectangle をドラッグする。描画された長方形は、洗濯機本体が保管されるエリアとなる。

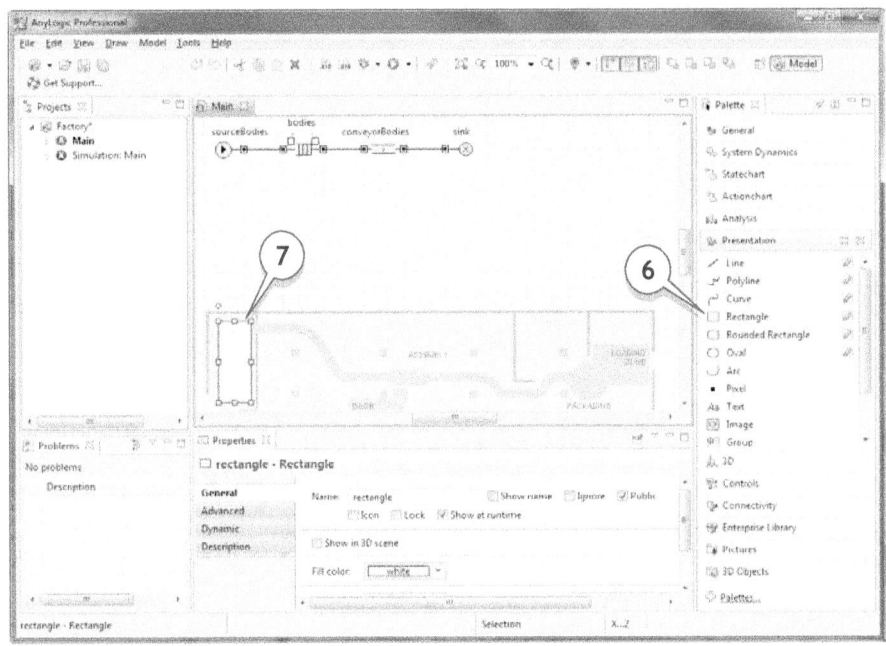

📖 描画モード

- いくつかの要素（Palette ビュー中 ✎ アイコンが表示されているもの）には描画モードが設定されている。

- 描画モードでは、容易に図形を描き入れることができる。例えば、求める大きさと一致するように Oval または Rectangle を描き入れることができる。あるいは、Polyline を点から点へと描き入れることができる。

- 描画モードを使用するためには、Palette ビューで要素をダブルクリックする。そのアイコンが ✎ へ変わる。グラフィカル・エディタ内をドラッグ（クリック）し、図形を描き入れる。

AnyLogic 入門   51

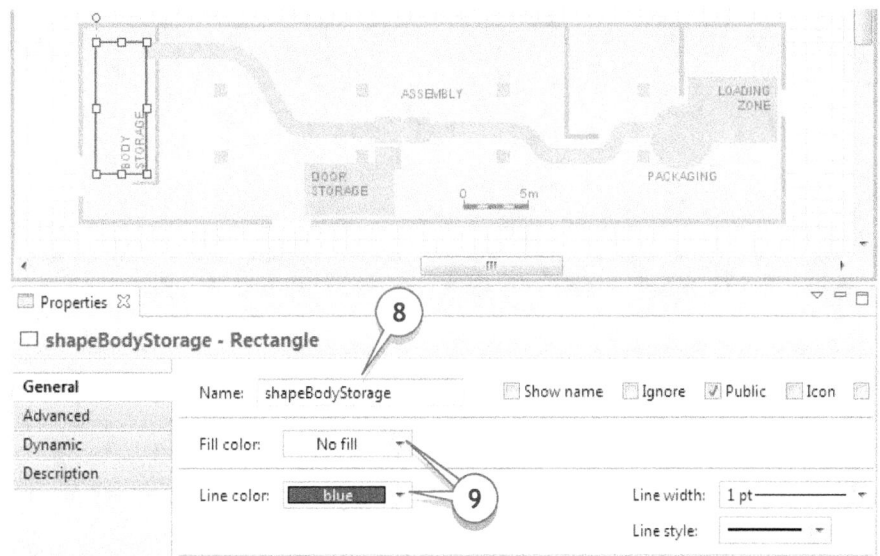

8. Properties ビューの Name ボックスで、Rectangle に *shapeBodyStorage* と名前を付ける。

9. Fill color リスト中で、Rectangle を透明にするために No fill を選択し、次に、Line color リスト中で、blue を選択する。

✈ Properties ビュー

- Properties ビューは選択されたモデルの要素のプロパティを表示する、コンテキスト・ビューである。グラフィカル・エディタ、あるいは Projects ビューでクリックして要素を選択し、プロパティを変更する。

- Properties ビューは複数ページある。異なるページを開くには、そのタブをクリックする。

52 AnyLogic 入門

選択された要素の名前および種類はビューの一番上に表示される。

移送コンベアーをモデルに再現するための **Polyline** を描き入れる。

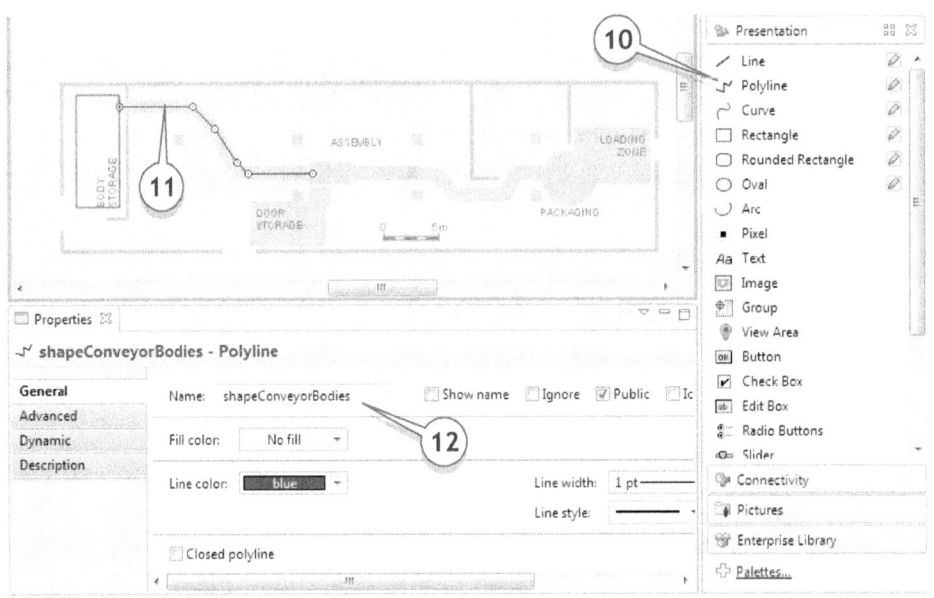

10. **Presentation** パレットの、**Polyline** をダブルクリックし、描画モードにする。

11. 左から右に Polyline を描く。クリックにより Polyline の始点と中継点を決め、ダブルクリックにより Polyline の終点を決定する。

12. Polyline に *shapeConveyorBodies* と名前を付ける。Line color を blue にする。

📖 Polyline の方向

- Queue や Conveyor のような Enterprise Library パレットの要素を Polyline で可視化するとき、Polyline の始点が重要となる。なぜなら、Conveyor は Polyline の始点からその終点へと部品を運ぶからである。また、Queue は Polyline の始点から終点へエンティティを配置する（始点は待ち行列の先頭に相当する）。

- どのポイントが始点か確認するためには、Polyline をクリックする。Polyline の始点はそのマーカーの内部に小さなポイントで表示される。

エンタープライズ・ライブラリ(Enterprise Library)はアニメーションを内蔵していない。そこで、洗濯機本体の保管を可視化する場所として Rectangle(shapeBodyStorage)を利用することを、Queue(bodies)に伝える。洗濯機本体が保管場所にある間、Rectangle(shapeBodyStorage)の中に可視化されるようにモデルを構築する。

54   AnyLogic 入門

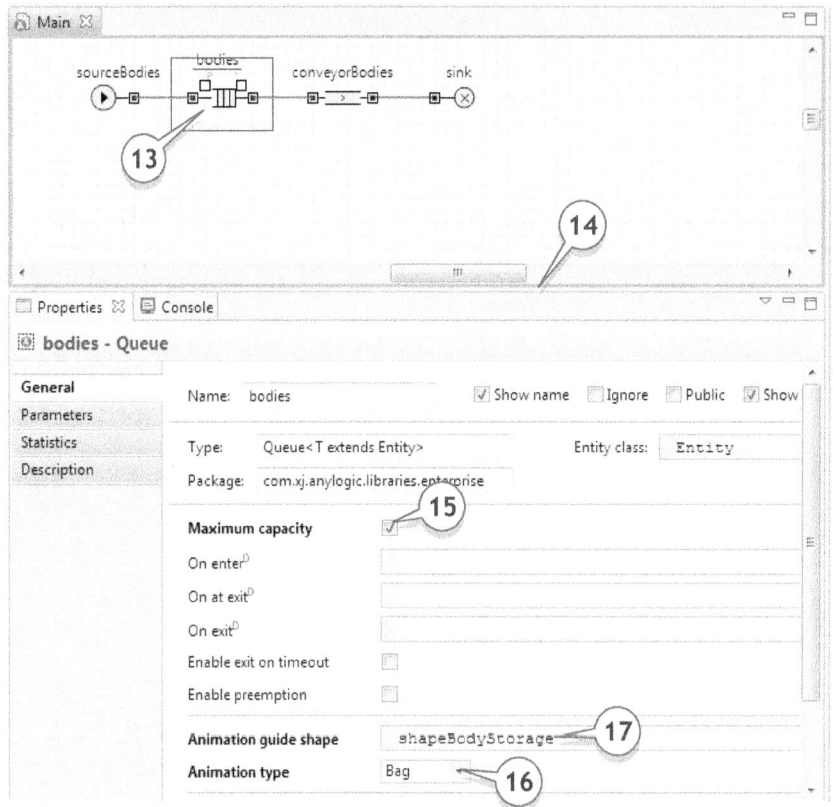

13. Queue(*bodies*)を選択する。Properties ビューにプロパティを表示するために、最初にオブジェクトを選択することを忘れない。

14. Properties ビューの境界をドラッグして拡大することも可能である。

15. Queue の容量をできるだけ大きくするために Maximum capacity チェックボックスを選択する。

16. Animation type として Bag を選択する。

17. Animation guide shape として *shapeBodyStorage* を指定する。最初の文字「s」を記入し、Ctrl+Space (Mac OS: Alt+space)を押し、コード入力の補助リストから *shapeBodyStorage* を選ぶ。

📖 コード入力の補助

　変数や関数の入力支援として、コード入力の補助がある。コード入力の補助を開くには、edit box 内の任意の位置をクリックして、Ctrl+Space (Mac OS: Alt+space)を押す。ポップアップ・ウィンドウは与えられたコンテキストで利用可能なモデル要素（変数、パラメーター、関数など）をリスト表示する。追加したい要素までスクロールするか、リストに表示されるまで、要素の文字を入力する。Enter を押して要素を edit box に挿入する。

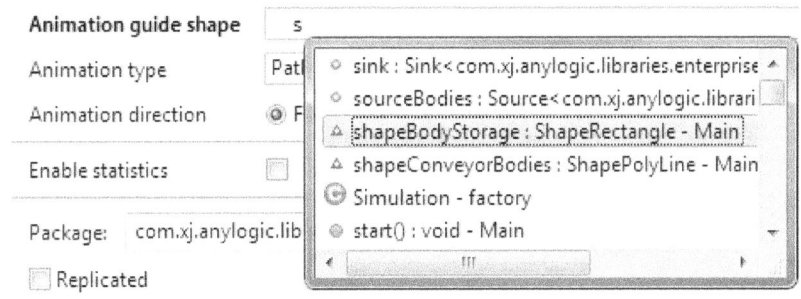

> 移送コンベアーのアニメーションを定義する。エンティティ（洗濯機本体）が移送コンベアー上をどのように移動するか確認する。移送コンベアーはPolyline(shapeConveyorBodies)としてモデル内に既に配置済みである。

18. エディタ上の Conveyor (*conveyorBodies*)を選択し、その Animation guide shape として Polyline(*shapeConveyorBodies*)を指定する。

56　AnyLogic 入門

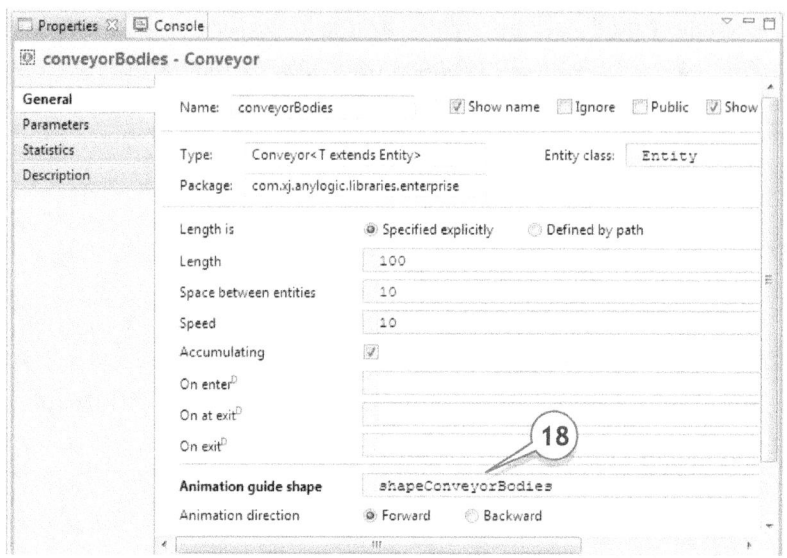

📖 Enterprise Library のアニメーション

　オブジェクトによるエンティティの処理をアニメーション表示することで、その振る舞いを可視化できる。AnyLogic はグラフィカル・エディタ上にオブジェクトの Animation guide shape として図形（Polyline や Rectangle）を描く機能を有しており、以下の表現方法でアニメーション化を行う。

	Arranged	アニメーションは指定された長方形にフィットする 2 次元配列中に表示される
	Bag	アニメーションは指定された長方形内のランダムな位置に表示される
	Path	アニメーションは指定されたポリラインに沿って移動して表示される
	Single	アニメーションは図形の基準位置に表示される
	Set	アニメーションは指定されたポリラインのポイントの位置に表示される

19. モデルを実行し、アニメーションを確認する。次のエラーメッセージが表示された場合、オブジェクト Queue(*bodies*) の Animation type に Bag を指定し忘れていないかを確認する。

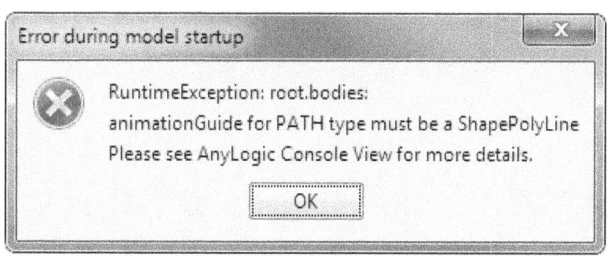

20. アニメーション映像を確認する。移送コンベアーによって運ばれるまで洗濯機本体が保管される様子が表示される。

21. ツールバーにある Slow down や Speed up ボタンをクリックしてモデルの実行速度を調節することができる。

58　AnyLogic 入門

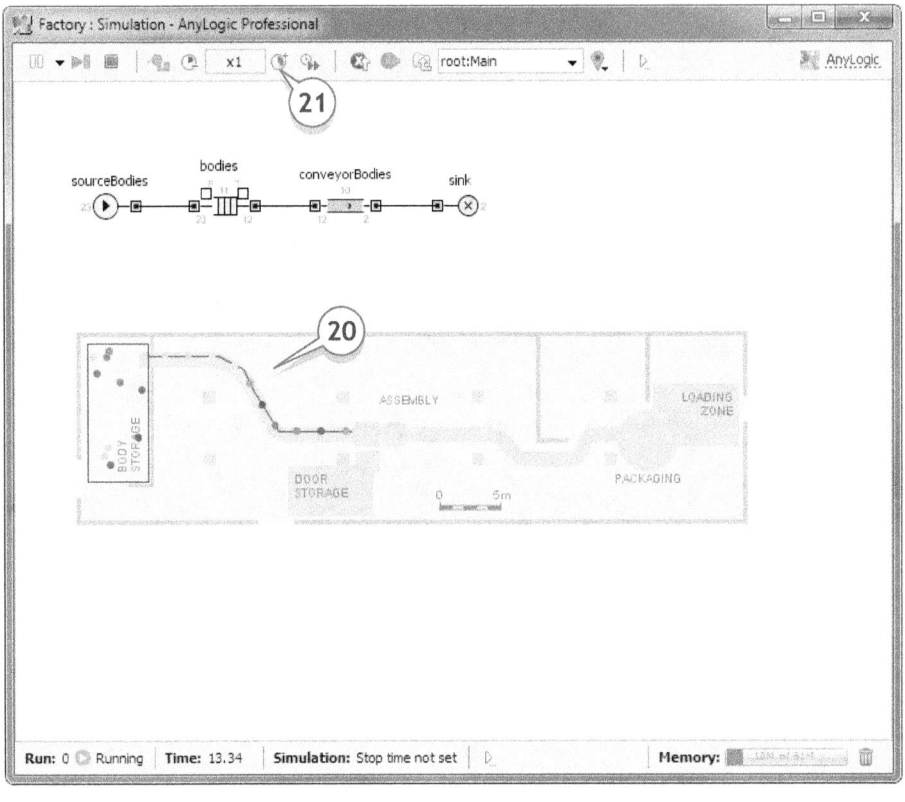

📖 モデルの実行モード

リアル・タイム(*real time*)、及びバーチャル・タイム(*virtual time*)モードでAnyLogicのモデルを実行することができる。

- リアル・タイム・モードでは、実時間の 1 秒を選択された Time units とする。現実に即してアニメーションを表示させたいときは、一般的にリアル・タイム・モードを使用する。

- バーチャル・タイム・モードでは、モデルは最高速度で実行される。長期間のモデルをシミュレートする必要がある場合に便利である。Time units と天文学的な時間の秒との関係を定義する必要はない。

リアル・タイム・モードでは、モデルのシミュレーション速度のスケールを変更して、モデルの実行速度を増減できる。例えば、**x2** は、モデルが指定されたモデル速度より 2 倍速く実行されることを意味する。モデル実行速度を制御するには **Time scale** ツールバーを使用する。

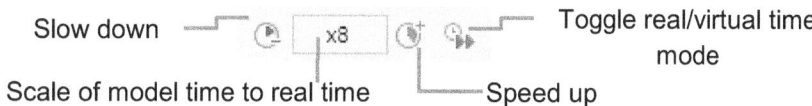

Slow down — Scale of model time to real time — Speed up — Toggle real/virtual time mode

2.5. 組立作業のモデリング

このフェーズでは下記を行う。

- 洗濯機の扉の生成とそれらを組み立てロボットに運ぶ移送コンベアーを追加する。
- 組み立てロボットを追加する。ロボットは洗濯機本体に扉を取り付けることで洗濯機の製造を完了する。
- 洗濯機の部品を表示するための画像を描き、モデルのアニメーションを変更する。
- 移送コンベアーの距離、速度、および部品間隔など、実際のパラメーター値でフロー図を設定する。

再現するプロセスのアニメーションを描くことから始める。

1. 組み立てロボット(ASSEMBLY)エリアで洗濯機本体が保管される場所を描き入れる。**Presentation** パレットの **Oval** をダブルクリック（描画モードに）して、下図のように円を描き入れる。

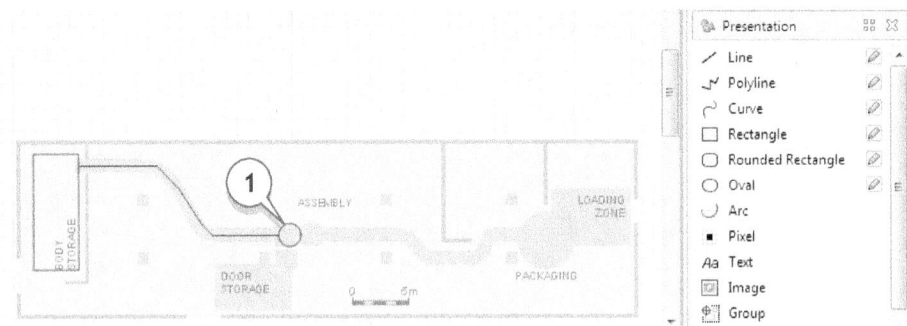

2. 円に *shapeBodyAtRobot* と名前を付ける。

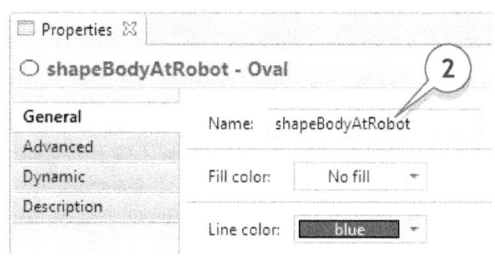

3. Properties ビューの Dynamic タブをクリックして開く。

4. Visible に *false* と記入する。これにより編集時には見ることができるが、モデル実行時には見えなくなる。

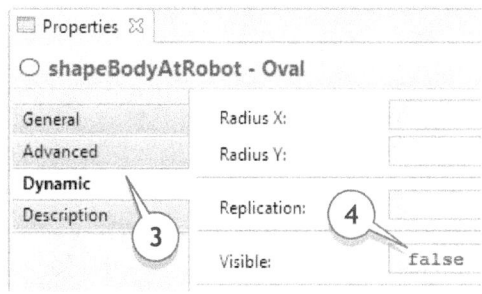

📖 Dynamic プロパティ

- Presentation パレットの図形は、General や Advanced タブで設定される静的なプロパティに加えて、動的なプロパティ（Position、Height、Width、Color など）を有する。静的なプロパティはデフォルト値として扱われ、動的なプロパティはシミュレーション実行中の実際の値を定義する。

- 動的なプロパティは図形に動きを与えることができる。動的なプロパティに式を定義した場合、モデルは時間単位毎に式を再計算し、得られた値をそのプロパティの実際の値として使用する。動的なプロパティを空にしておけば、プロパティは静的なデフォルト値を保持する。

5. 前に描き入れた Rectangle が、実行時に見えなくなるように、Properties ビューの Dynamic タブにある Visible に *false* と記入する。その後、前に描き入れた Polyline も同様に、実行時に見えなくする。

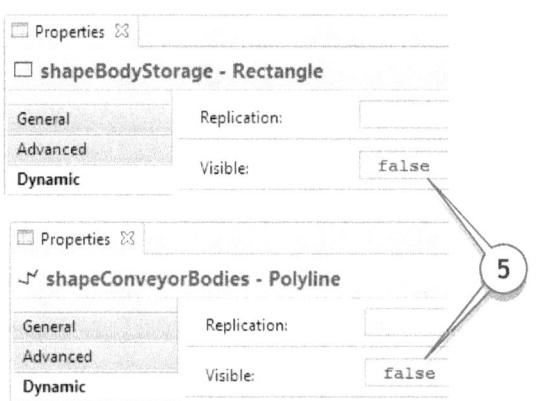

6. 工場に到着した洗濯機扉を保管する場所として Rectangle を描き入れる。長方形 *shapeBodyStorage* を選択し、Ctrl (Mac OS: Cmd)を押しながらドラッグ＆ドロップしてコピーし、最後に Ctrl(cmd)を放す。洗濯機扉倉庫(DOOR STORAGE)エリアに、コピーした Rectangle を移動し、サイズを変更して、*shapeDoorStorage* と名前を付ける。

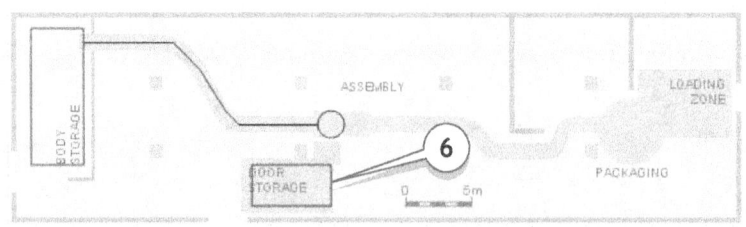

📖 要素の複製を作る

- グラフィカル・エディタ、あるいは Projects ビューで要素を選択し、Ctrl を押し続けた状態で要素をドラッグすることにより、要素をコピーすることができる。
- 複製された要素には、名前を除いてオリジナルの要素と同じプロパティが自動的に設定されている。

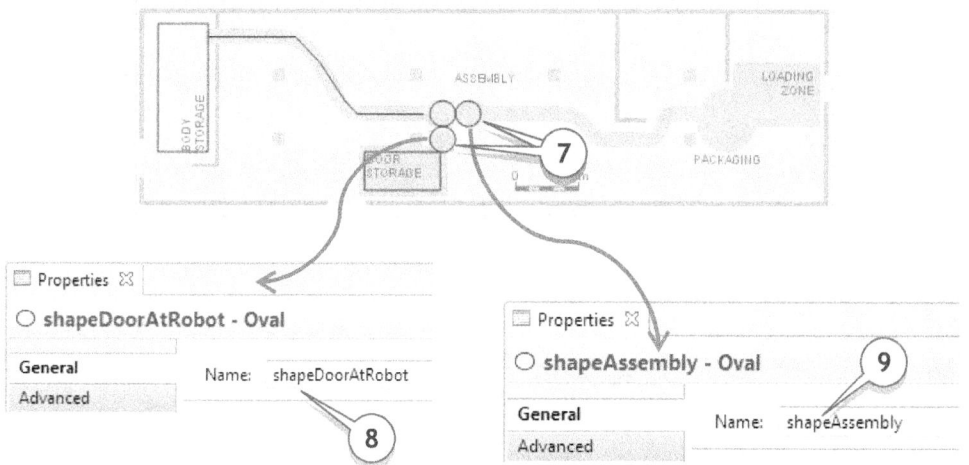

7. 組み立てロボット(ASSEMBLY)エリアで洗濯機扉が保管される場所と、完成した洗濯機を保管する場所を表示するために 2 つの Oval を描く。Oval をコピーしてもよい。図形が小さくコピーを作ることが難しい場合は、Oval を選択し、AnyLogic の Copy と Paste コマンドを使うと良い。

8. 下の Oval に *shapeDoorAtRobot* と名前を付ける。

9. 右の Oval に *shapeAssembly* と名前を付ける。

> 模擬された物理的空間の中でメートル対ピクセルの比率を定義する変数を作成する。

10. グラフィカル・エディタ上へ、General パレットの Variable をドラッグする。

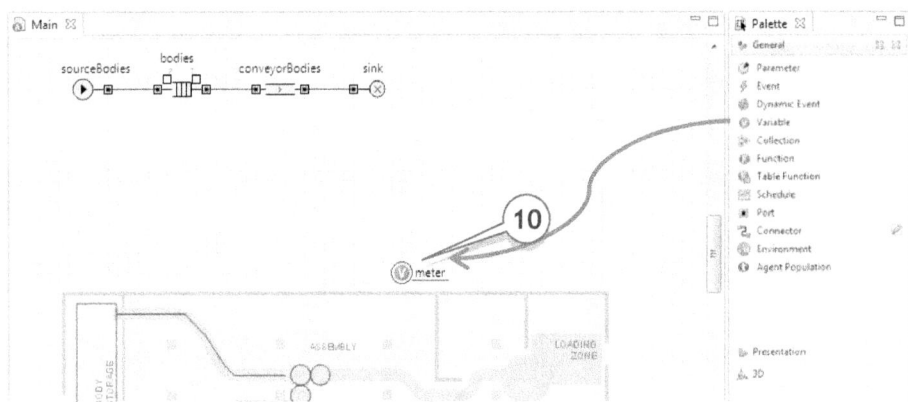

11. Variable に *meter* と名前を付ける。

12. モデル実行時にプレゼンテーション・ウィンドウ(Presentation window)上にこの要素が表示されるのを防ぐために Show at runtime チェックボックスを外す。Variable(*meter*)はモデル内で重要な役割を果たしておらず、表示する必要はないからである。モデル実行時に図形を隠すためにこの方法を利用することもできる。

13. Variable の Initial value に 10 を記入する。10 ピクセルを 1 メートルと換算すること、と定義している。

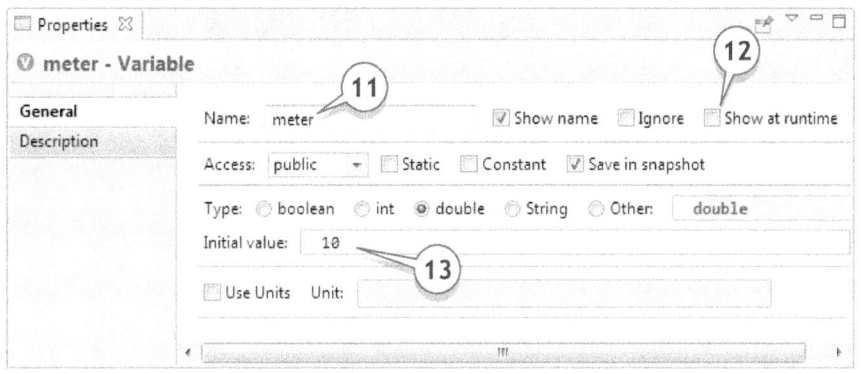

モデルでは洗濯機の部品を小さな円で可視化する。しかし、異なる部品を区別するためには異なる画像を使うほうが望ましい。そこで、洗濯機本体、扉、及び組み立てられた完成品の洗濯機の画像を描く。

モデルはアニメーションの図形としてこれらの画像を利用する。AnyLogicがこれらのエンティティを生成させるまで、これらの画像はそれらを描き入れた場所に表示される。フローチャート上にだけ表示させたい場合は、実行時に表示されるエリアの外側にこれらの画像を作成すればよい。

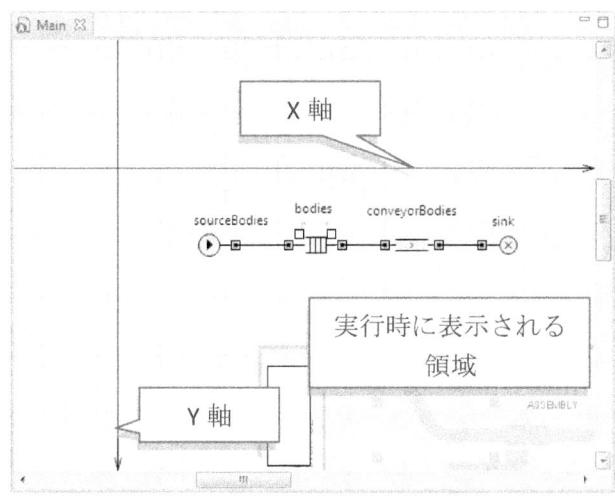

グラフィカル・エディタにおける太い縦線は Y 軸を表す。また、水平線は X 軸を表す。これらの軸は 4 つの象限にグラフィカル・エディタの空間を分けている。デフォルトでは、プレゼンテーションのモデル実行時に見える部分は右下の象限の 800*600 フレーム設定となっている。

Y 軸の左側に図形を描き入れる。
---

14. キャンパスを移動するために、グラフィカル・エディタの何もない場所を右ボタンでドラッグし、少し右にずらす。

15. 洗濯機本体を表す Rectangle を描き入れる。Rectangle に *shapeBody* と名前を付ける。

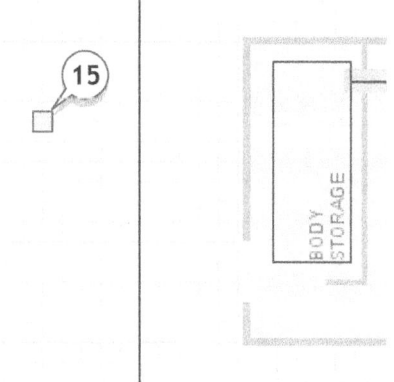

16. Properties ビューの Advanced タブにある、Width と Height ボックスを使って、Rectangle を 10x10 ピクセルに調整する。

AnyLogic 入門 67

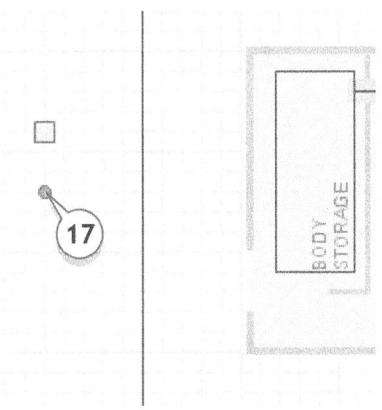

17. 洗濯機扉を表す Oval を描き入れる。Oval に *shapeDoor* と名前を付ける。

18. Properties ビューの Advanced タブにある、Radius X と Radius Y ボックスを使って、Oval を 3x3 ピクセルに調整する。

19. 完成した洗濯機の図形を描き入れる。**Ctrl+drag (Mac OS: Cmd+drag)**を使って図形をコピーし、組み合わせて新しい図形を配置する。**Rectangle** の上に **Oval** を配置し、下図のような画像を作る。図形の位置を細かく決めるには、**Alt** キーを押して図形を移動する。

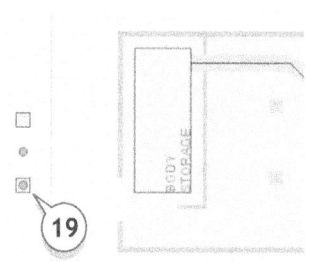

完成した洗濯機の図形でグループを作る。図形を取り囲むように長方形にドラッグするか、一つの図形を選択し、**Ctrl (Mac OS: Cmd)**を押しながら他の図形を選択する。解除には再度 **Ctrl+click (Mac OS: Cmd+click)**する。

20. 完成した洗濯機を表わす ◉ を選択する。

21. 選択範囲を右クリック(Mac OS: Ctrl+click)して、ポップ・アップ・メニューから **Grouping** の **Create a Group** を選択する。

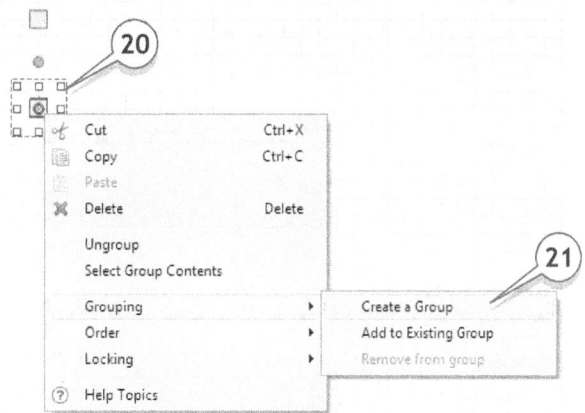

22. 作られたグループのプロパティを確認する。Group に *shapeProduct* と名前を付ける。

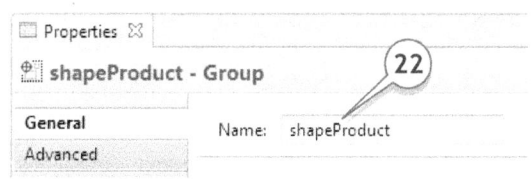

23. *sourceBodies* オブジェクトのプロパティを変更する。

- Entity animation shape に *shapeBody* を記入し、洗濯機本体のアニメーション図形を設定する。

- Enable rotation チェックボックスを選択することで、エンティティの進行方向への回転表示を可能にする。

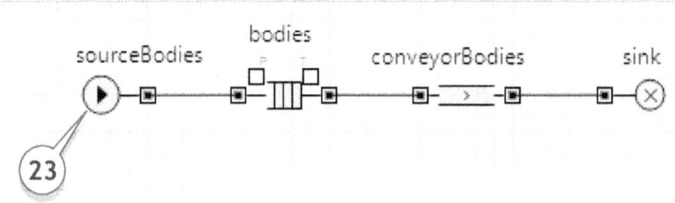

24. *conveyorBodies* オブジェクトのプロパティを変更する。

- Length is オプションで Defined by path を選択し、移送コンベアーの長さを移送コンベアーのアニメーション図形の長さに設定する。

- 移送コンベアー上の隣接したエンティティ間の最小の間隔を定義する。Space between entities ボックスに 2*meter と記入する。meter はメートル対ピクセルの比率を定義した変数の名前である。

- Speed ボックスに *0.5*meter/second()* と記入し、速度を定義する。

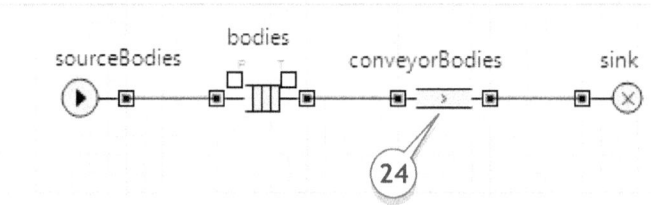

📖 時間関数

AnyLogic にはいくつかの組み込み関数がある。AnyLogic Help の AnyLogic Classes and Functions 内 AnyLogic functions で全てのリストを確認できる。

- *time()* 関数はモデルの（論理的）時間を返す。

- *second()*, *minute()*, *hour()*, *day()*, *week()* はそれぞれ、1秒、1分、1時間、1日、1週間と等しいモデルタイムを返す。（設定されている Time units に依存する）

ここまでモデルのアニメーションを作成してきた。モデルに詳細を追加するため、プロセス・フロー図に以下2つオブジェクトを追加する。
- 洗濯機扉の生成をモデル化する Source オブジェクト
- 洗濯機扉倉庫をモデル化する Queue オブジェクト

---

25. オブジェクトを複製して作成するために、Source (*sourceBodies*) と Queue (*bodies*) を Ctrl+drag (Mac OS: Cmd+drag) する。

26. 作成された Source オブジェクトに、*sourceDoors* と名前を付ける。このオブジェクトによって生成されるエンティティのアニメーション図形として、Properties ビューの General タブにある、Entity animation shape に *shapeDoor* を指定する。コード入力の補助を使うと便利である。

27. 作成された Queue オブジェクトに、*doors* と名前を付ける。Properties ビューの General タブにある、Animation guide shape に *shapeDoorStorage* を指定する。

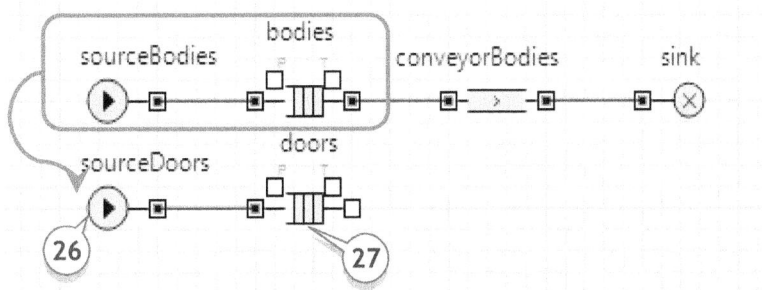

28. **Assembler** オブジェクトを追加し、図のように他のオブジェクトと接続する。*assembly* と名前を付け、下記のプロパティを設定する。

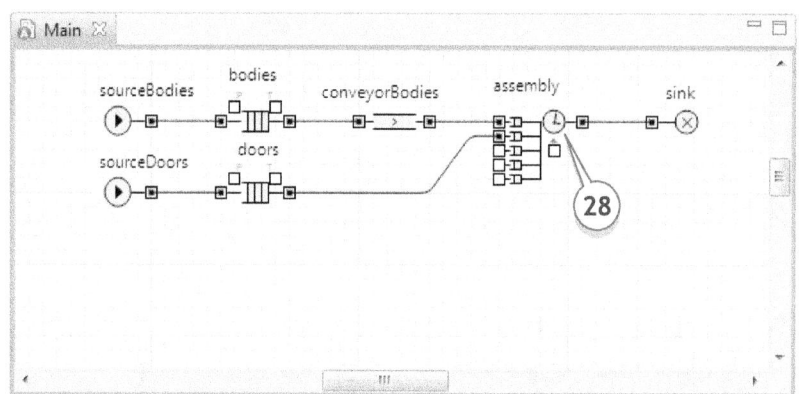

- New entity animation shape: *shapeProduct* -作成されたエンティティのアニメーション図形に *shapeProduct* を使用する。

- Enable rotation: ☑ 洗濯機のアニメーションが進行方向に回転表示することを可能にする。

- Resource quantity: *0* -オペレーションを行うために、リソースが必要ではないことを意味する。

- Delay time: *minute()* – 組み立て時間を1分とする。

- Animation guide shape (queue 1): *shapeBodyAtRobot* –組み立て待ちの洗濯機本体のアニメーション図形。

- Animation type (queue 1): *Single* – Animation guide shape に設定された図形にエンティティが1つだけ表示される。

- Animation guide shape (queue 2): *shapeDoorAtRobot* –組み立て待ちの洗濯機扉のアニメーション図形。

- Animation type (queue 2): *Single*

- Animation guide shape (delay): *shapeAssembly* –組み立て作業のためのアニメーション図形。

- Animation type (delay): *Single*

AnyLogic 入門   73

> 最後の 2 つのオプション Animation guide shape (delay)と Animation type (delay)は Properties ビューの下部にあるため、下へスクロールする必要がある。さらに、同様の名前（例えば Animation guide shape (queue3) や、Animation type (queue 3)）のオプションに入力がないことに注意する。
>
> Assembler オブジェクトは、入力ポートに到着したいくつかのエンティティから 1 つのエンティティを作成する。アセンブリーを行うのに必要なエンティティの数は、Quantity 1 や、Quantity 2 などを利用して、ポートごとに指定する。各入力ポートに必要なエンティティが揃うまで待機し、新しいエンティティを生成して出力する。組み立て作業には指定された時間を要する。作業にはリソースを必要とする場合がある。

29. モデルを実行する。組み立て工程が可視化されたことを確認する。

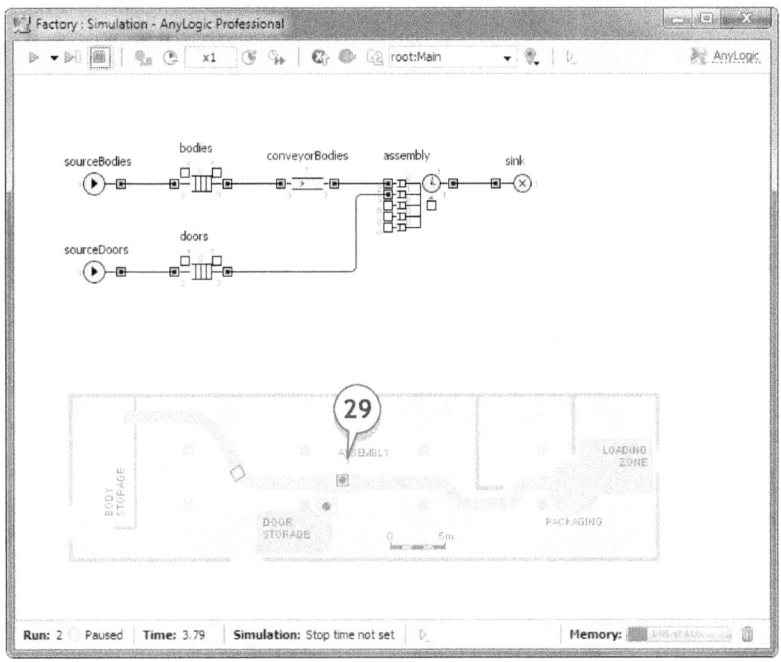

次のエラーメッセージが表示された場合、オブジェクト Assembler (*assembly*)の Resource quantity に 0 を指定し忘れていないか確認する。

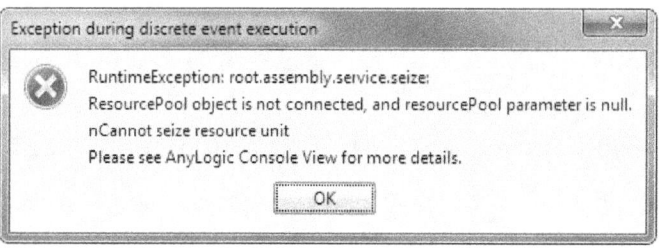

2.6. 梱包作業のモデリング

ここでは組み立てに続く梱包作業をモデル化する。

- 製品を箱詰めするための梱包ラインを追加する。梱包ラインは移送コンベアーおよび梱包(PACKAGING)エリアを含んでいる。
- 梱包された製品は、積荷(LOADING ZONE)エリアに運ばれる。また、梱包された製品は10個ごとにまとめて出荷する。

> 梱包(PACKAGING)エリア、梱包エリアへの移送コンベアーおよび積荷(LOADING ZONE)エリアに関連する5つの新しい図形を描き入れる。

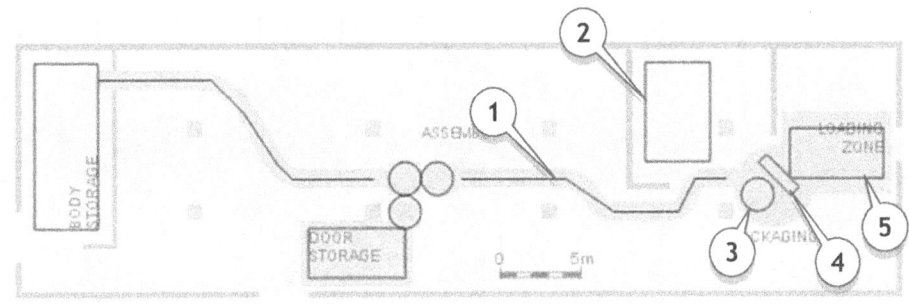

1. 左から右に向かって Polyline(*shapeMoveToPackaging*)を描く。

2. 労働者の待機場所として、Rectangle(*shapeWorkers*)を描く。

3. 梱包前の保管場所として、Oval(*shapePrePackage*)を描く。

4. 梱包エリアとして、Rectangle(*shapePackage*)を描く。

5. 積荷エリアとして、Rectangle(*shapeLoading*)を描く。

洗濯機を梱包した箱の画像を描く。

📖 標準の画像セット

Pictures パレットは良く使用されるオブジェクトの画像セットであり、描画する手間を省くことができる。

6. Pictures パレットから box を追加する。

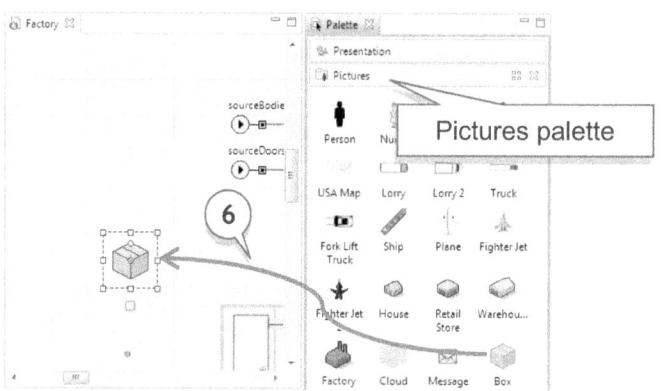

7. Name ボックスで、*pictureBox* と名前を付ける。

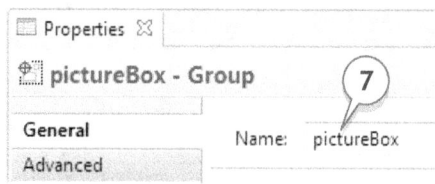

AnyLogic 入門　　77

8. 小さな画像を扱うので、エディタを400%まで拡大する。

📖 グラフィカル・エディタを拡大する

グラフィカル・エディタの縮尺を設定するために **Zoom** ツールバーを使用する。直接入力、またはリストから選択することで必要な倍率を設定する。**Zoom In**、**Zoom Out** ボタンをクリックして設定することもできる。**Zoom to 100%**ボタンをクリックするとデフォルトの倍率に戻る。

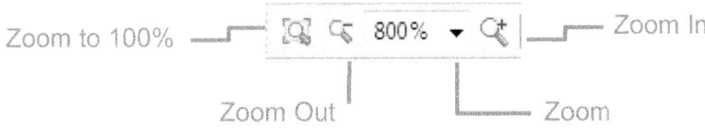

9. およそ1つのグリッドの大きさに、画像のサイズを変更する。

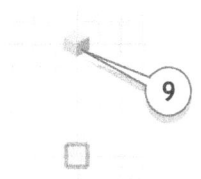

10. エディタの倍率を100%に戻す。

梱包(PACKAGING)エリアへの移送コンベアーとして **Conveyor** を追加する。
----

11. *conveyorBodies* オブジェクトを複製して Conveyor を追加する。前に描き入れた Conveyor を複製することで、パラメーターの多くは既に設定されている。

12. 下記プロパティを変更する。
    - Name:*moveToPackaging*
    - Space between entities: *1.2*meter*
    - Animation guide shape: *shapeMoveToPackaging*

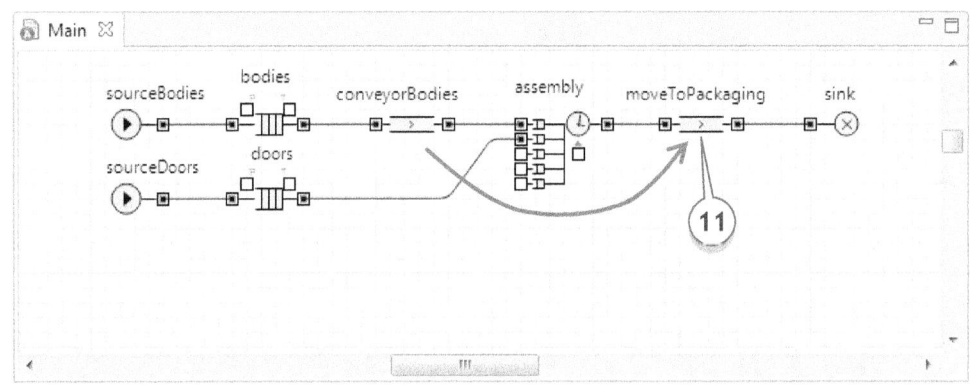

13. 洗濯機の梱包作業をモデル化するために Service を追加する。Service オブジェクトはオペレーションを行うために定義された数のリソースを必要とする。オペレーションに必要な時間だけ待機し、リソースを解放する。下記のとおりプロパティを変更する。

    - *packaging* と名前を付ける。
    - Resource quantity: *0* -オペレーションを行うために、リソースが必要ではないことを意味する。
    - 洗濯機を梱包する時間を設定する。
      Delay time: *triangular(40, 50, 120)*second()*

- Service オブジェクトからエンティティが出力されたとき、アニメーションが箱の画像に変わるように設定する。
  On exit: *entity.setShape(pictureBox);*

- 梱包(PACKAGING)エリアでは洗濯機1台だけ梱包ができると仮定する。
  Queue capacity: *1*

- 洗濯機の梱包待ちのためのアニメーション図形を設定する。
  Animation guide shape (queue): *shapePrePackage*

- Animation type (queue): *Single*

- 梱包作業のためのアニメーション図形を設定する。
  Animation guide shape (delay): *shapePackage*

- Animation type (delay): *Bag*

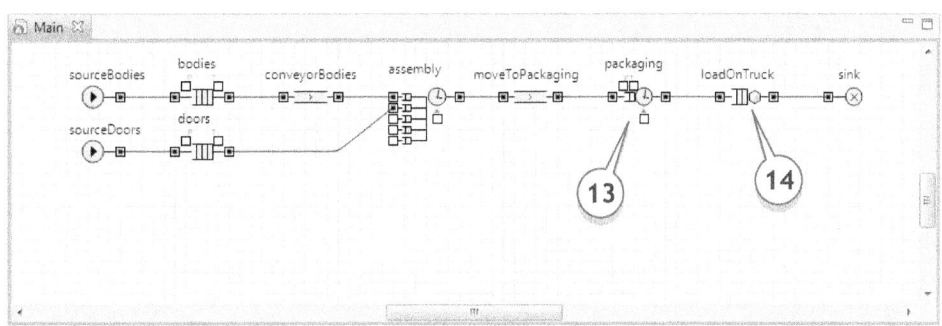

14. 製品を10個一組にして出荷トラックに積み込むためにBatchオブジェクトを追加する。Batchは、元のエンティティを破棄し、新しいエンティティを生成し、いくつかのエンティティを1つのエンティティに変換(*Permanent batch*)する役割を果たす。また、元のエンティティを新しいエンティティに追加し、後でUnbatchにより元に戻すこともできる。(*Temporary batch*)

- *loadOnTruck* と名前を付ける。

- まとめられた製品をどこに描くか設定する。
  Animation guide shape: *shapeLoading*

- Animation type: *Bag*

📖 ライブラリ・オブジェクトのパラメーター

ライブラリ・オブジェクト(Enterprise Library、Pedestrian Library、Rail Library、Road Traffic Library)には3つのタイプがある。

- **Static**：一度だけ評価される。しかし、モデルの実行時に変更される場合がある。静的なパラメーターの項目で定義できる。パラメーターのタイプは変換できる。
- **Dynamic**：必要な度に評価される。例えば、エンティティごとに取得するDelay time、Speedなどである。
- **Code**：動的に実行されるコードであり、オブジェクトに関してある特定のイベントが発生する度に評価される。例えば、エンティティの入力、出力タイミングで移送コンベアーを停止させるなどだ。各コード行の最後にはセミコロンが必要である。

Parameter type	Object	Parameter	Example
Static	*Queue*	*Capacity*	*15*
Dynamic	*Delay*	*Delay time*	*uniform(2,entity.complexity*60)*
Code	*Sink*	*On enter*	*dataset.add(time() - entity.timestamp);* *serviced++;*

📖 異なるタイプのパラメーターの分類

- Dynamic パラメーターには、名前の後に小さな D アイコンがある。
- Code パラメーターには C アイコンがある。
- Static パラメーターにはアイコンがない。

Library Reference Guides では、Dynamic および Code パラメーターには[dynamic] が記載してある。Code パラメーターで void 型を持っているものは、名前が On.... で始まる（パラメーターの Syntax 行を参照）。

15. モデルを実行する。製品がどのように梱包されるか、また、どのようにバッチされて工場から出荷されるかを確認する。

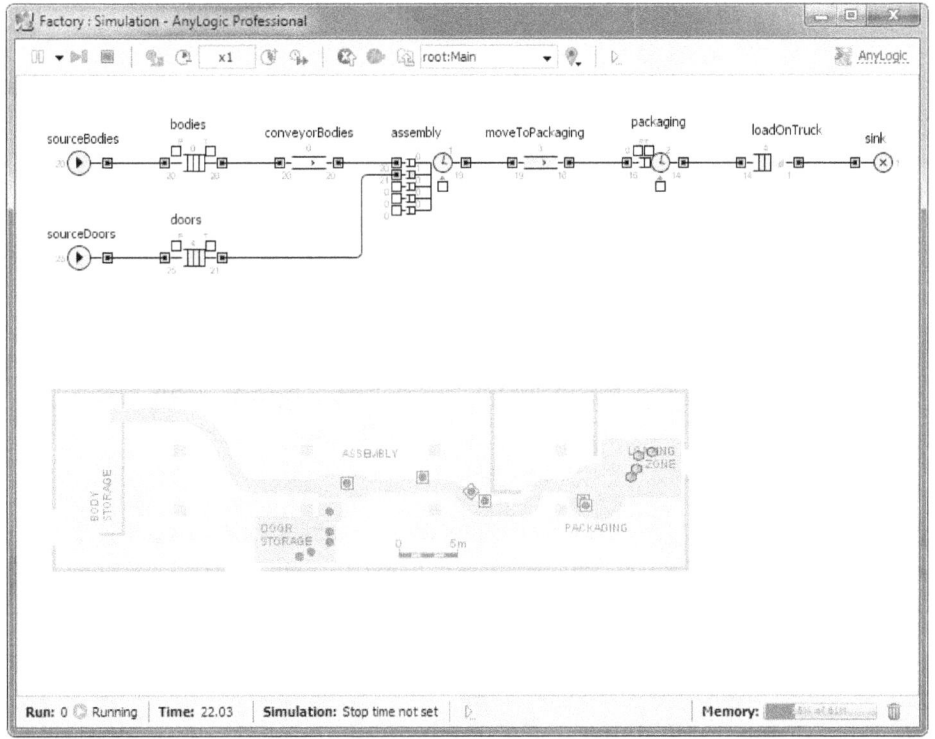

📖 エラーの修正

バーチャル・タイム・モードでモデルを複数回実行する。次のメッセージが表示された場合、モデル内にボトルネック、システムの論理エラーがあることを意味している。

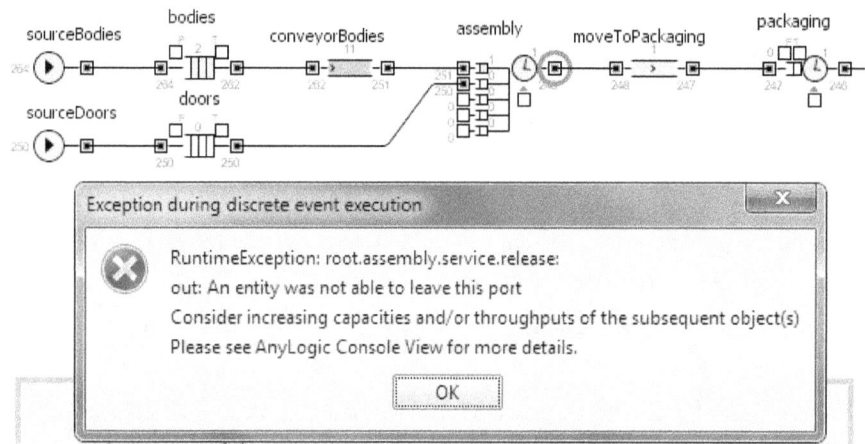

- メッセージの最初の行は、エラーを引き起こしたモデル要素に関する情報である。ここでは、root（今回の root は、モデルの作成を開始したときに作られていた、Main アクティブオブジェクトクラス）の Assembler(assembly)オブジェクトである。

- 2 行目はエラーについて述べている。エンティティはオブジェクトの出力ポートを出ることができない状態である。フローチャートでは、赤丸でそのポートが強調されている。

- この場合、エンティティは Assembler(assembly)を出る準備ができていたにもかかわらず、オブジェクトの出力ポート内部で待機することはできなかった。一方、次の移送コンベアー(*moveToPackaging*)は、入口に別のエンティティを持っていて、もう 1 つエンティティを入力することができないため、ボトルネックが発生したのである。

AnyLogic 入門　83

- 3 行目は、どのようにその問題を解決することができるか述べている。移送コンベアーの能力を増加させるか、あるいは保管用のオブジェクトを追加することで対応できる。**Assembler(assembly)**と移送コンベアー(*moveToPackaging*)の間に Queue オブジェクトを追加することで、この問題を解決することができる。

📖 リソースの追加

　組み立てと梱包はそれぞれ組み立てロボット、及び梱包係というリソースを必要とする。このフェーズでは下記を行う。

- 2 種類のリソースを追加する: 1 台の組み立てロボットと洗濯機を梱包する 2 人の労働者を作成する。
- 労働者の稼働率の統計を収集し、棒グラフを使用して表示する。
- 組み立てロボットに故障時間を追加する。

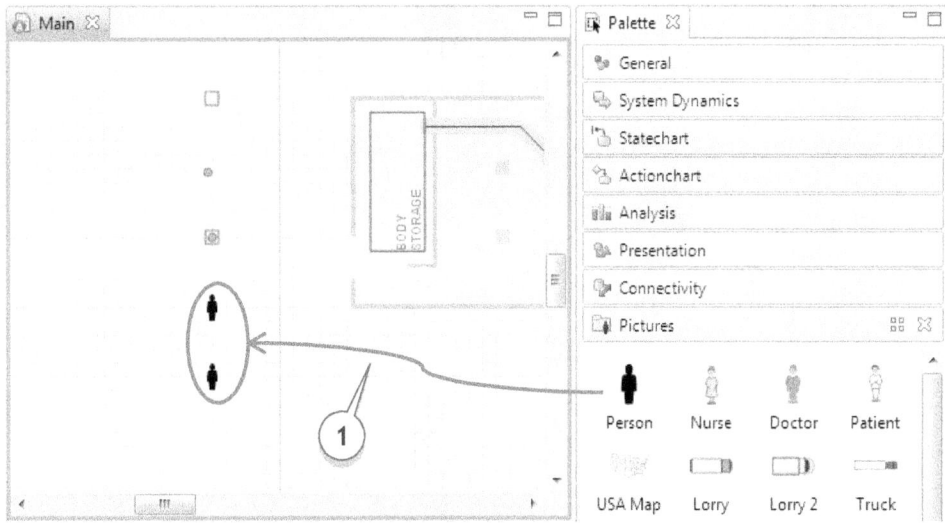

1. 待機中および作業中の労働者を表現するために 2 つの画像を描く。Rectangle または Polyline のような図形を利用するのではなく、Pictures パレットから対応する画像を使用することができる。グラフィカル・エディタ上へ Pictures パレットから Person を 2 個ドラッグする。

📖 標準画像のカスタマイズ

Pictures パレットは Presentation パレットにある図形のグループとして作られている。そのため、色や大きさといった視覚的なプロパティを変更することで、画像の見た目を調節することができる。Fill color を変更して、画像の色を変更する。

2. 画像をクリックし、グループを選択する。

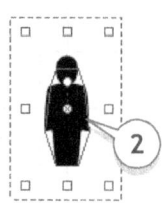

3. グループ内の図形をクリックして選択する。グループ座標の起点および図形プロパティを確認することができる。

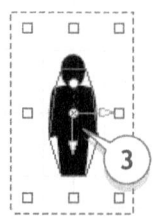

4. 図形の Fill color を *blue* に変更する。

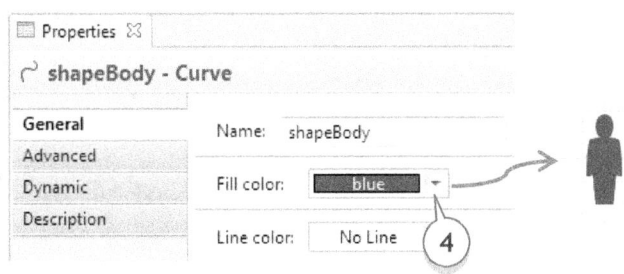

5. もう 1 つの画像は Fill color を *red* にする。青色の画像を *shapeWorkerIdle*、赤色の画像を *shapeWorkerBusy* と名前を付ける。

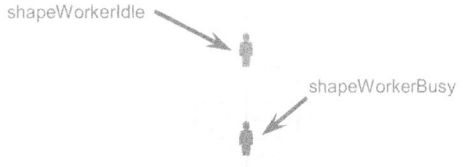

6. ロボットをモデル化するために ResourcePool オブジェクトを追加する。ResourcePool は 1 組のリソースを定義する。エンティティは Seize、Release、Service、Assembler オブジェクトを使いリソースを利用し、あるいは、リリースする。

- *robots* と名前を付ける。
- 上図のように ResourcePool オブジェクトのポートと、Assembler(*assembly*)の下部のポートを接続する。

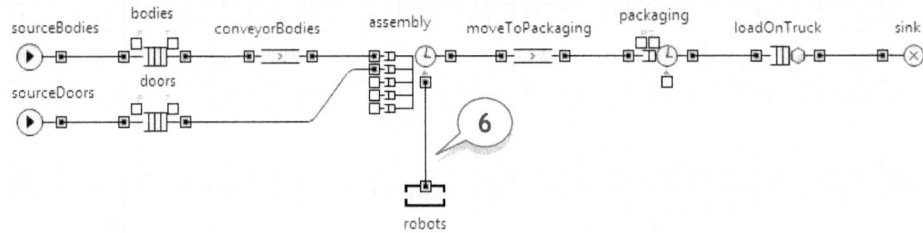

7. Assembler(*assembly*)オブジェクトの Properties ビューを開き、Resource quantity に *1* を設定する。

8. 梱包係をモデル化するために別の ResourcePool オブジェクトを追加し、Service(*packaging*)の下部のポートと接続する。下記プロパティを変更する。

    - *workers* と名前を付ける。
    - 利用できるリソースの数を定義する。Capacity: *2*.
    - リソース・ユニットは待機状態と作業状態のいずれかである。状態ごとに異なるアニメーションを表示させることができる。作業状態に *shapeWorkerBusy*、待機状態に *shapeWorkerIdle* を設定する。
      Idle unit animation shape: *shapeWorkerIdle*
      Busy unit animation shape: *shapeWorkerBusy*
    - Rectangle(*shapeWorkers*)を労働者の表示場所に設定する。
      Animation guide shape: *shapeWorkers*.
    - Enable statistics チェックボックスを選択し、リソースの稼働率の統計を収集する。

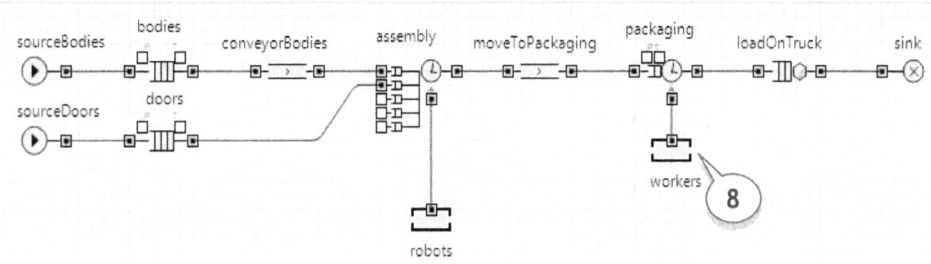

9. Service(*packaging*)の Properties ビューを開き Resource quantity を *1* にする。

梱包係の稼働率の統計を表示するためにグラフを追加する。作業状態の労働者の割合を表示する。

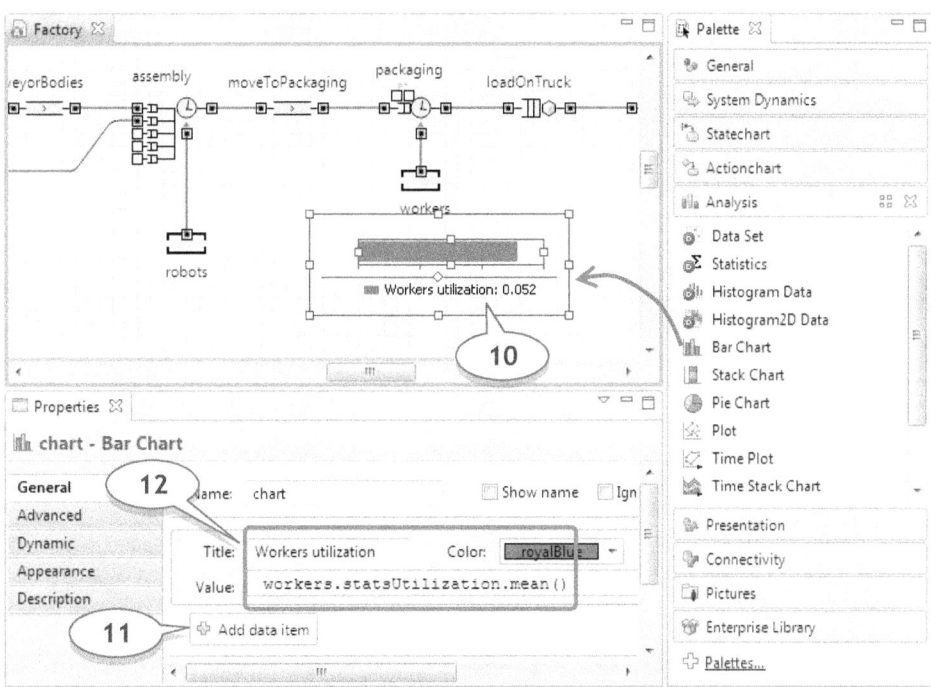

10. Analysis パレットを開き、グラフィカル・エディタへ Bar Chart をドラッグする。Analysis パレットにはシミュレーション出力を格納する要素、統計を計算する要素（data set、statistics など）、いくつかのグラフ（bar chart、stack chart、time plot、histogram など）が用意されている。

11. Add data item を押して、グラフに表示するデータ項目を追加する。

12. データ項目のプロパティを変更する。workers は ResourcePool の名前である。statsUtilization()はリソースの稼働率の統計を収集する関数である。また、mean()は収集した統計の平均値を返す。

    - Title: *Workers utilization*
    - Value: *workers.statsUtilization.mean()*

13. Appearance タブを開き、グラフの外観を調整する。Bars エリアで Direction オプションを選択する。

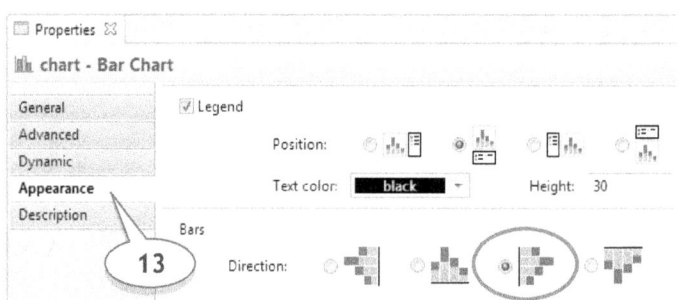

14. ロボットの平均故障時間を設定するために変数（Parameter）を追加する。グラフィカル・エディタへ General パレットから Parameter をドラッグする。*MTTF*（平均故障時間）と名前を付ける。Default value に *45*day()*を設定する。1 日の値を得るために、AnyLogic の *day()*関数を使用する。

AnyLogic 入門　89

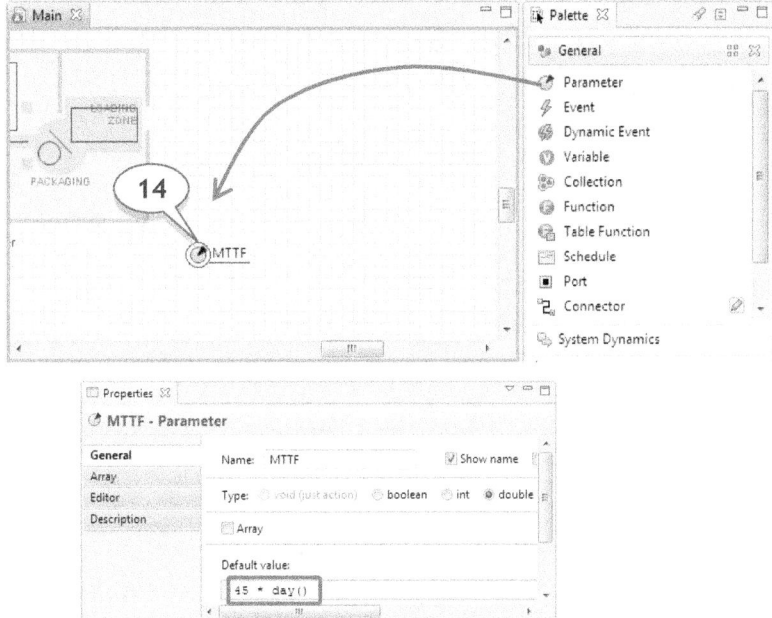

15. 同様に *MTTR*（平均修復時間）を追加し、Default value に *7*day()* を設定する。

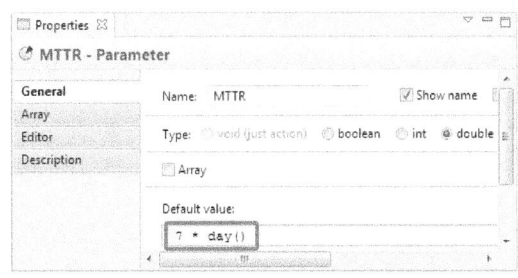

> 状態遷移図(statechart)を利用してロボットの振る舞いを定義する。

📖 状態遷移図

- 振る舞いを定義するために状態遷移図を利用する。状態遷移図では、各オブジェクトは一度に1つの状態しかとることができない。

- アクティブオブジェクトは複数の状態遷移図を有することがある。今回は1つで十分である。

- 状態遷移図はイベント発生や時間経過に伴う振る舞いを記述するための手法である。時系列で発生するオペレーションの振る舞いの変化を再現するのに適している。

- 状態遷移図は状態(State)と遷移(Transition)で構成される。遷移はユーザーが定義した条件（タイムアウト、割合、ステートチャートが受信したメッセージ、ブール条件）で発生する。遷移が実行されると状態の変化が発生する。状態遷移図は階層構造（状態や遷移を含んだ複合状態）を有する場合がある。

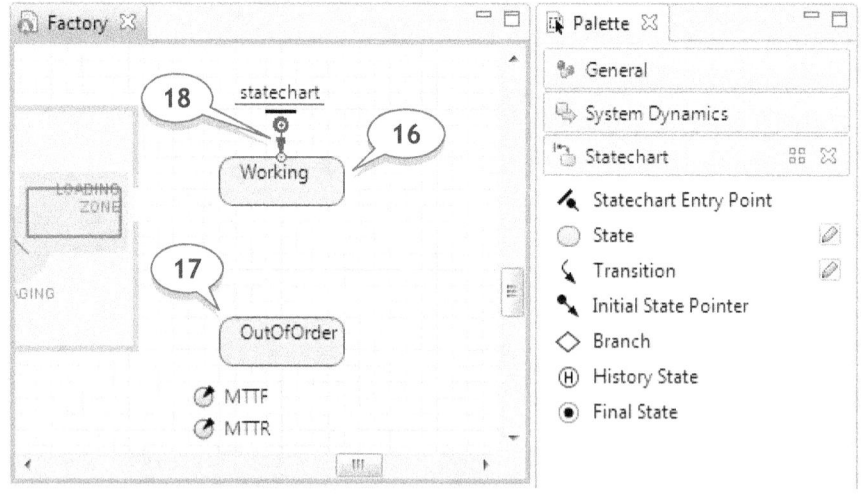

AnyLogic 入門 91

16. 2 組の状態(State)を描き入れ、状態遷移図の作成を始める。グラフィカル・エディタへ Statechart パレットから State をドラッグし、*Working* と名前を付ける。

17. もう 1 つの状態を下側に追加し、*OutOfOrder* と名前を付ける。

18. Statechart entry point を追加し、Working を指すように接続する。Statechart entry point の名前は状態遷移図の名前になる。終点が State と接続されていることを確認する（オブジェクトを選択し、接続点が緑であることを確認する）。

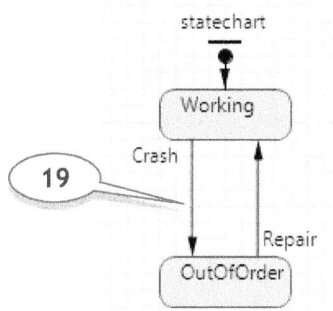

19. 組み立てロボットの故障をモデル化するために State(*Working*)から State(*OutOfOrder*)に遷移(Transition)を描く。Statechart パレットの Transition をダブルクリックして、State(*Working*)をクリックする。次に、State *OutOfOrder* をクリックする。

20. Transition に *Crash* と名前を付ける。

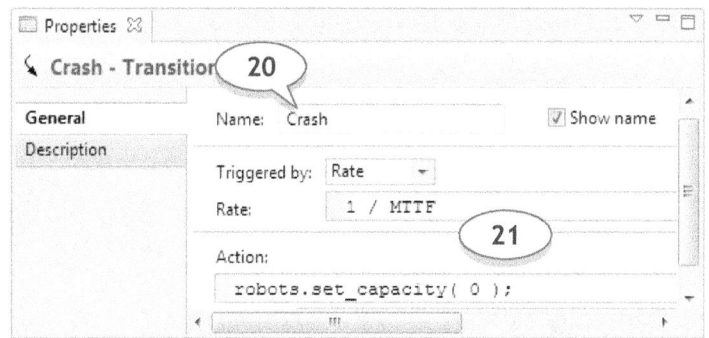

21. MTTF（45 日）の平均で指数関数的に分散した時間で遷移が発生するように設定する。

- Triggered by: *Rate*
- Rate: *1/MTTF*
- Action: *robots.set_capacity(0)* – このメソッドは ResourcePool オブジェクトの Capacity に 0 を設定する。Capacity が 0 ならば利用できるリソースがないため Assembler(*assembly*)は洗濯機を組み立てられない。

22. State(*OutOfOrder*)から State(*Working*)に Transition を描く。

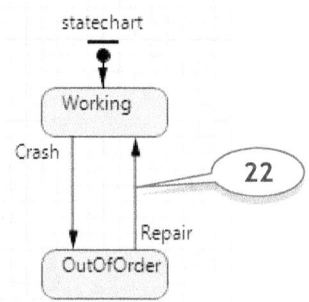

23. Transition に *Repair* と名前を付ける。

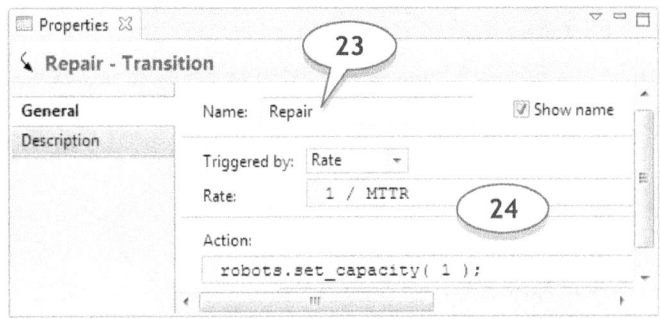

24. この遷移はロボットの修理をモデル化する。MTTR（7 日）の平均でこの遷移を発生させる。

- Triggered by: *Rate*
- Rate: *1/MTTR*
- Action: *robots.set_capacity(1)*

📖 実行時に静的なパラメーターを変更する

- モデル実行時にライブラリ・オブジェクトの静的なパラメーターを動的に変更することができる。
- パラメーターの値を変更するためには、自動的に生成されるメソッド *set_parameterCodeName()* を呼び出し、メソッドの引数として設定したい値を通す。Queue(*queue*)オブジェクトの Capacity を 50 にしたい場合： *queue.set_capacity(50);*
- パラメーターのプログラム名を検索するには、*Library Reference Guide* のオブジェクト・パラメーターの詳細な説明を参照する。Source の Arrival rate について知りたければ、Source オブジェクトのヘルプを開き、Arrival rate の項目を探す。項目を見つけたら Syntax 行を確認する。

94 AnyLogic 入門

> **Arrival rate**
> [Visible if *Arrival type* is set to *Rate*] The arrival rate of entities.
> Syntax double `rate`
> Default value 1

25. モデルを実行する。シミュレーションをより速く実行するためにモデル実行速度を増加させる。組み立てロボットの故障及び修理期間が工場のパフォーマンスにどのような影響を与えるかを分析することができる。

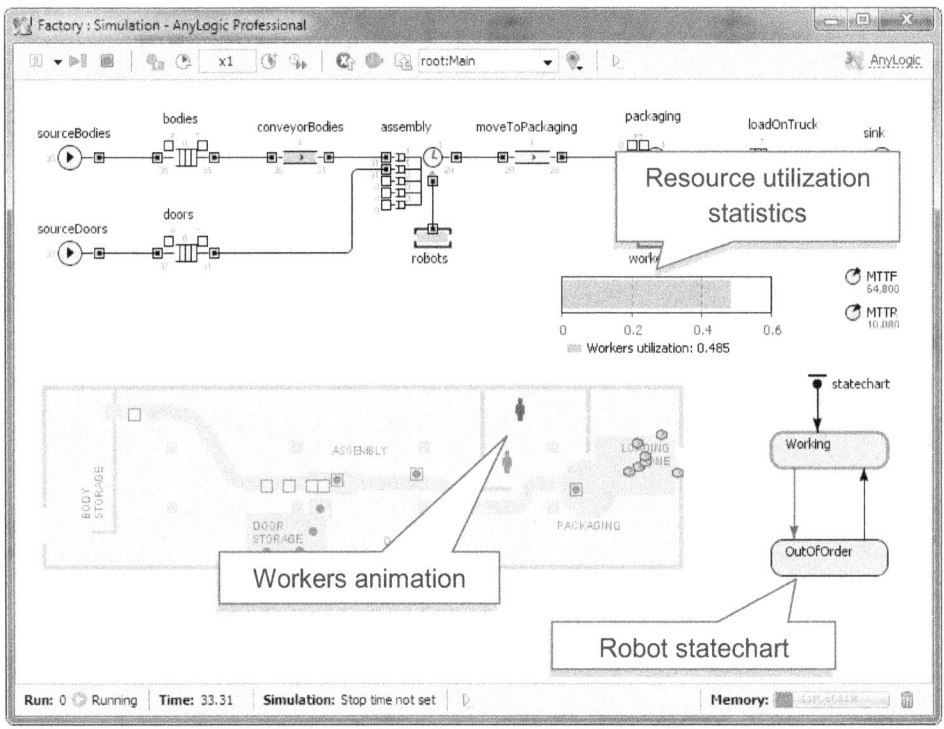

Network-based Modeling
ネットワークベースモデル

3. ネットワークベースモデル

3.1. ネットワークベースモデルとは

　前章では物理的な軌道を抽象化して再現し、平均的時間を仮定することで、工場における製造ラインを離散事象モデルで構築した。さらに、プロセス・フロー図を作成し、工場のオペレーションに関する様々な時間を定義した。

　しかしながら、プロセスの中には流動的なエンティティ(Entity)や資源(Resource)を内包する物理的空間内で行われるプロセスも存在する。例えば、要求されるサービス品質を満たすように医師と看護師の勤務表を作成することを目的として、病棟のフロアをそのままモデル化するような場合である。

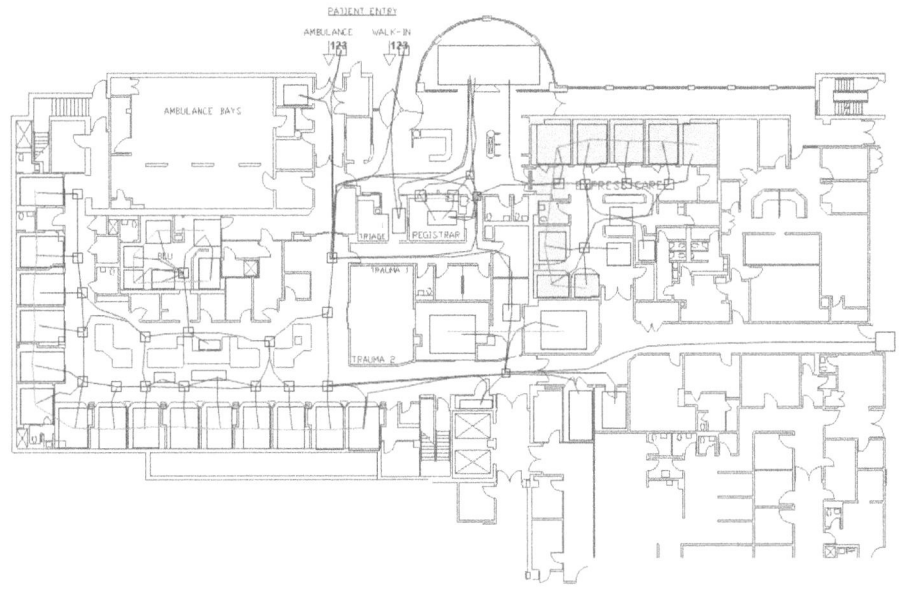

　このような病棟のモデル化では、スケジュールとタイミングは当然必要になるが、加えて、患者や看護師、医師が病棟の中をどのように移動するかに

ついても考慮する必要がある。選択可能な移動ルートの移動時間を定義するよりも、むしろ、モデル内のエンティティ(Entity)とリソース(Resource)の移動する速さを定義し、病棟のレイアウトに結節点やセグメントを描いていく。そして、状態遷移図を用いてプロセスの論理を定義し、ネットワーク内にエンティティ（患者）とリソース（医師と看護師）を配置していく。そうすることで、患者は部屋を移動するのに最短のルートを利用できるようになる。

　それでは、ネットワークベースモデルを学んでいこう。

3.2. 小売業者(Retailer)モデル

簡単なネットワークベースモデルの例として、小売業者の倉庫のモデルを構築する。この店では 1 商品のみを販売し、以下のルールに従って運営するものと仮定する。

- 小売業者が製品を発注。製品を受け取り、倉庫に保管する。
- 製品は小売業者の店舗で販売される。店舗から新たな注文が届くと、製品が倉庫から出庫され、消費者に販売される。
- 在庫数が設定した水準に到達した場合、小売店は在庫を増やすために製品を追加発注する。

1. トラックが到着する
2. 製品がトラックから降ろされる
3. フォークリフトが製品をストレージ（Storage）へ移動させる
4. フォークリフトが製品を集荷ゾーンへ移動させる

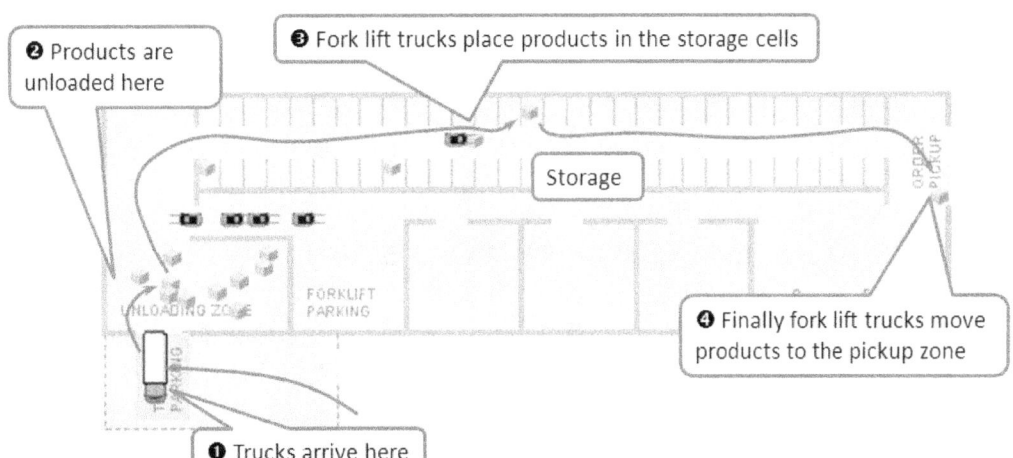

📖 倉庫オペレーションとレイアウトの最適化

　必要な設備を備えた最新の倉庫を建設するには多額の費用がかかる。計画と設計が重要であり、誤った計画は倉庫の有用性、パフォーマンスを低下させ、運用経費の増加に繋がる。扱う荷物の増減は効果的に稼働している倉庫のパフォーマンスに影響を与えるため、慎重にオペレーションを最適化する必要がある。

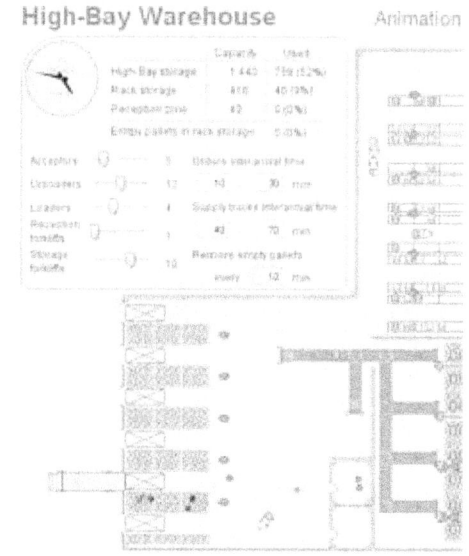

　モデルを構築するシミュレーションは、倉庫オペレーションの設計、レイアウト変更、最適化をより簡単に実施する方法である。コンピュータを利用してモデルを構築し、複数のパラメーターの組み合わせにおいて計算結果を得ることができる。より低コストかつ低リスクで倉庫を新しく設計するための最適なパラメーターを決定することが可能となる。

　モデル構築の第一ステップでは倉庫の構造、すなわち、主な領域の正確な位置や輸送ルートなどを詳細化する。次に、倉庫を運用するためのビジネスプロセスを明確化する。すなわち、様々な手順に関連したリソース（従業員

や設備）において、誰が、いつ、何を行っているかを特定する。また、部品、数量、タイミングなどを含めた材料の到着スケジュールを考慮する。さらにモデルの稼働と並行して、実際の資源稼働率、工程処理時間、業務完了時などについて詳細な統計データを収集する。

　倉庫モデルを構築することで、倉庫の設計案や最適な成果をもたらすレイアウト変更を導出することができる。ソフトウェアを用いて顧客自身が以下のような意思決定を行うことができるようになる。

- 設備を運用するのに必要な輸送手段や材料の量、及び種類に関する要求
- 従業員の処理能力に関する要求
- 床面積に関する要求とレイアウト
- レイアウト／設備配置に関する究極的なシナリオ
- パフォーマンス評価基準の測定（実行時間など）
- リソース稼働率、在庫レベルなど
- 倉庫運用費用の見積、及び最適化
- 荷積み及び荷降ろしのゲート数の最適化
- より効果的な貨物輸送ルートの策定
- 運用タイムテーブルの最適化

3.3. ネットワークと基本モデル作成

小売業者の倉庫を再現する基本モデルを、以下の仮定に基づき構築する。

- 小売業者は平均して毎分 1 つの製品を受け取る。製品は荷降ろし (UNLOADING ZONE)エリアに運ばれる。
- 小売業者が製品を受け取る場合、フォークリフトがその製品を倉庫の空いている格納スペースのうちの 1 つに運ぶ。
- 別のフォークリフトが搬出するまで、製品は格納スペースの中で平均 20～45 分を費やす。

1. 新しいモデルを作成し、*Retailer* と名前を付ける。これから小売業者の倉庫のレイアウトを追加し、その上に輸送経路を描き入れていく。

2. まず、Presentation パレットからエディタ上へ Image をドラッグする。

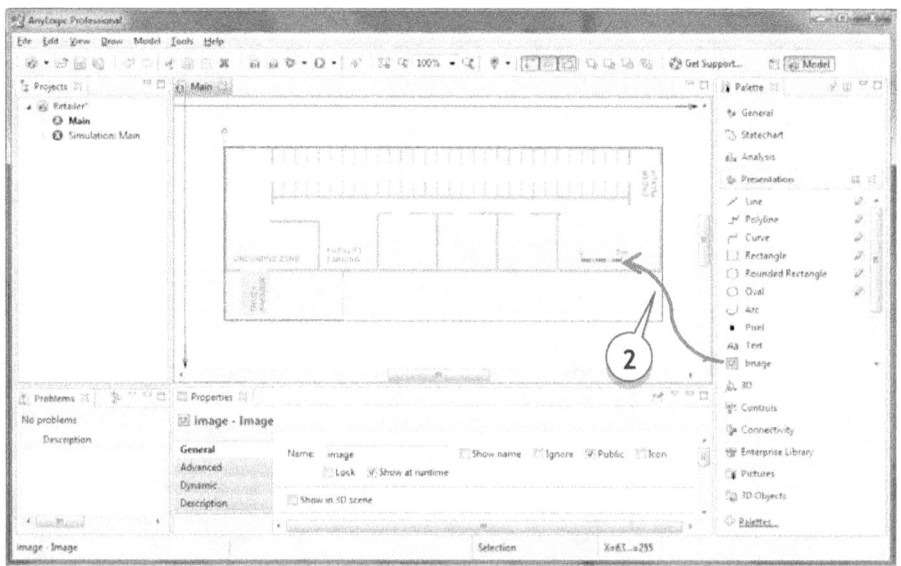

3. Image に表示するための画像ファイルを選択する。Properties ビューの General タブにある Image エリアで Add image をクリックし、AnyLogic フォルダ内にある */resources/AnyLogic in 3 days/Retailer* から *retailer_layout.png* を選択する。

4. イメージ図形をロックするために Lock チェックボックスを選択する。

5. Original size チェックボックスを選択する。

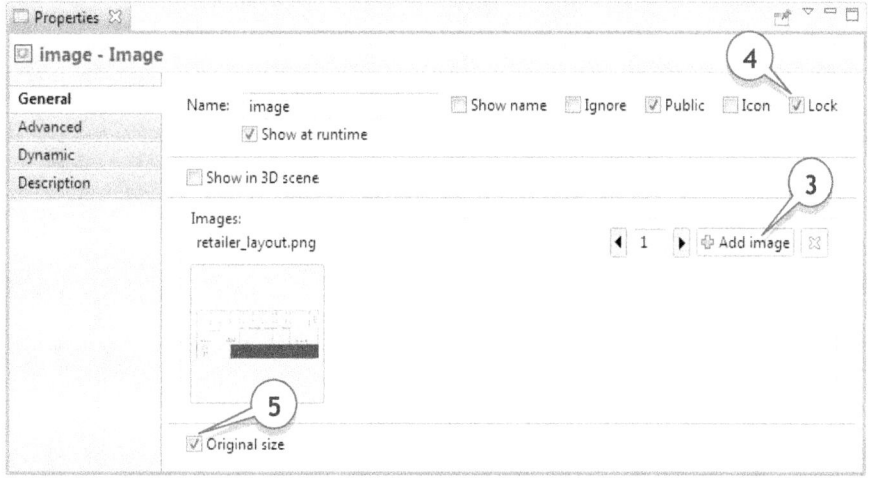

> 図形描画機能を使ってレイアウトの上に重要な領域、及び輸送経路を定義する。この描画を基に AnyLogic がネットワークの構造を自動生成する。

6. Rectangle で位置を描く。Fill Color プロパティで No color を選び透明にし、Line color を blue にする。下図のように Rectangle を配置・命名する（今後、この名前でこれらの要素を参照することになる）。中間ノード（名前は重要ではないので図に示さない）を描き入れる。Rectangle を Polyline で繋ぐ。この Polyline は、モデル中を移動するエンティティ（トラックやフォークリフト）の経路となる。

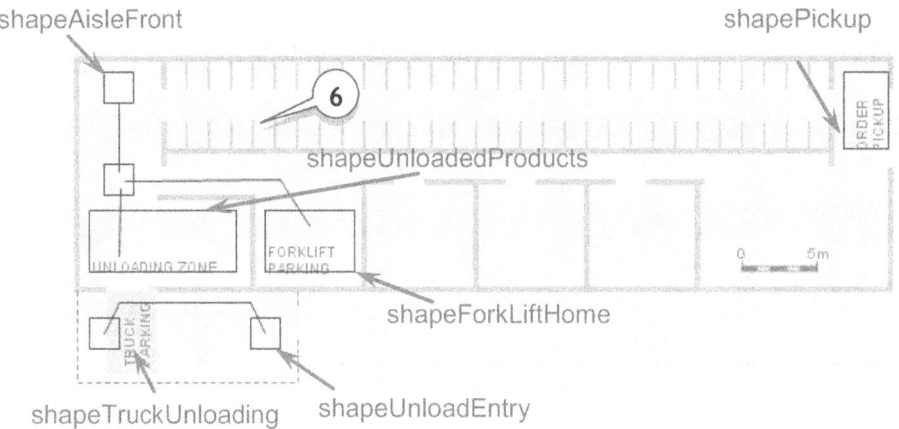

📖 ネットワークを描き入れる

- ネットワークはノードとセグメントで構成される。ノードはエンティティやリソースの待機場所を定義する。セグメントはノード同士を接続し、エンティティやリソースの移動経路として機能する。

- ネットワーク・ノードは Rectangle で定義する。

- ネットワーク・セグメントは Line または Polyline を使って描き入れる。

- 1 つの Polyline は複数のノードを接続することができるが、各 Rectangle の中に Polyline のポイントが必要となる。下図で Polyline は 3 つのポイントで 3 つのノードを接続している。

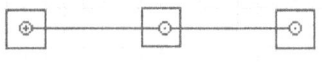

- Polyline は複数の Rectangle 上に描くことができるが、内部にポイントがない場合はノードが接続されていないことを意味している。他のセグメントの接続もない場合はネットワークに含まれない。下図で Polyline は中央のノードの内部にポイントがないため、左端と右端のノードだけを相互に接続している状態である。

7. 描き入れた図形を Group に追加する。描き入れた図形を囲むようにマウスをドラッグし、全図形を選択する。もしくは、エディタを右クリックし(Mac OS: Ctrl+click)、ポップ・アップ・メニューから Select All を選ぶとロックされていない要素を選択することができる。選択した図形を右クリックし(Mac OS: Ctrl+click)、ポップ・アップ・メニューから Grouping | Create a group を選び、group に *networkGroup* と名前を付ける。

8. ストレージ通路の形状を定義する Rectangle を描き入れ、*shapeAisle* と名前を付ける。この図形は group(*networkGroup*)に追加しない。

9. Pictures パレットからエディタ上へ Fork Lift Truck を追加する。

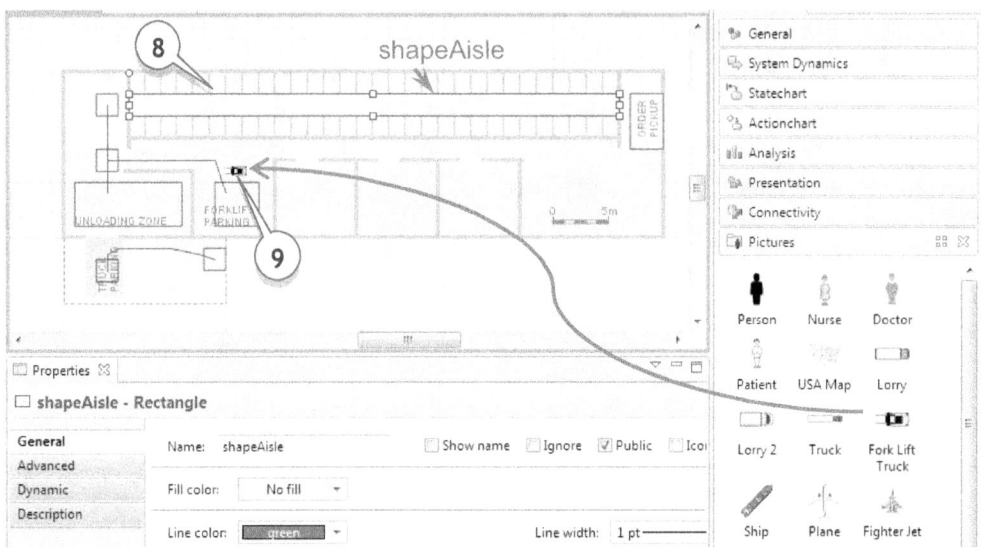

製品と梱包された箱のアニメーションを描き入れる。過去に作成した要素を再利用（コピー）することができる。

10. 製品と梱包された箱のアニメーションは既に製造(Factory)モデルで作成した。Projects ツリーの Factory モデルの Main の Presentation 項目を展開し、pictureBox 要素を見つけることができる。ポップ・アップ・メニューのコピー・アンド・ペースト・コマンドを利用して、倉庫(Retailer)モデルの Main にコピーする。

製造(Factory)モデルからもう１つコピーする必要がある。シミュレーション空間（メートル単位）とアニメーション（ピクセル単位）間での縮尺距離を定義する変数である。

11. 製造(Factory) モデルの Main の Variables 項目を展開し、Variable(*meter*)を倉庫(Retailer)モデルの Main にそれをコピーする。倉庫(Retailer)モデルのグラフィカル・エディタ上に Enterprise Library オブジェクトを追加し、プロパティを変更する。

12. Network オブジェクトを追加する。Network オブジェクトはネットワークトポロジーを維持し、パラメーターを定義し、ネットワークリソースを管理する。Properties ビューの Group of network shapes に *networkGroup* を指定する。*networkGroup* は Rectangle や Polyline で定義したネットワーク構造の名前である。

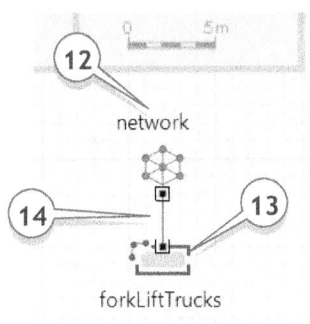

13. NetworkResourcePool オブジェクトを追加し、1 組のネットワークリソースユニットを定義する。ここではフォークリフトを再現している。

    - *forkLiftTrucks* と名前を付ける。
    - リソースの数として Capacity に *5* を記入する。
    - リソースの移動速度として Speed を設定する: *1*meter/second()*
    - リソースを可視化する図形を指定する。Idle unit animation shape と Busy unit animation shape に *fork*（フォークリフト画像の名前）と記入する。
    - Enable rotation チェックボックスを選択することで、リソース画像の進行方向への回転表示を可能にする。
    - リソース用の拠点を定義する。Home node に対応するネットワーク・ノードの名前を記入する: *shapeForkLiftHome*

14. **Network** オブジェクトによって定義されたネットワーク内でリソースが動作するよう、これらのオブジェクトを接続する。特定のネットワークとの関連付けは、**NetworkResourcePool** と **Network** のポートを接続することによって行う。

Enterprise Library オブジェクトの中で接頭語として Network を持つグループは、ネットワークモデリングやレイアウトベースモデリング向けの要素であることを意味し、そのアイコンは青色で表示されている。

📖 ネットワークリソース

　ネットワークに関連したリソースとしては、固着型(static)、移動型(moving)、ポータブル型(portable) の3種類がある。moving リソースと portable リソースはその拠点を有する。つまり、拠点に自由に戻ることも、また、拠点に送り返すこともできる。

- **static** リソースは、特定の場所(ノード)に固着する。それらは移動することができず、また、外部の力で動かすこともできない。例えば、X線室や重量のある橋のようなものが該当する。

- **moving** リソースは、それ自身で移動可能なリソースである。例えば、スタッフや乗り物などが該当する。

- **portable** リソースは、エンティティか、あるいは moving リソースによって移動させることができる。例えば、ポータブル超音波装置や車椅子などが該当する。

　エンティティは、1つ、あるいは、複数の製品を掴んで特別の場所へと送ることができる。エンティティと一緒に製品を移動させることもできるし、また、移動させた後にその製品を手放すこともできる。

エラーがないことを確認するためにモデルを実行する。下図のように駐車(FORKLIFT PARKING)エリアに 5 台のフォークリフトが表示される。

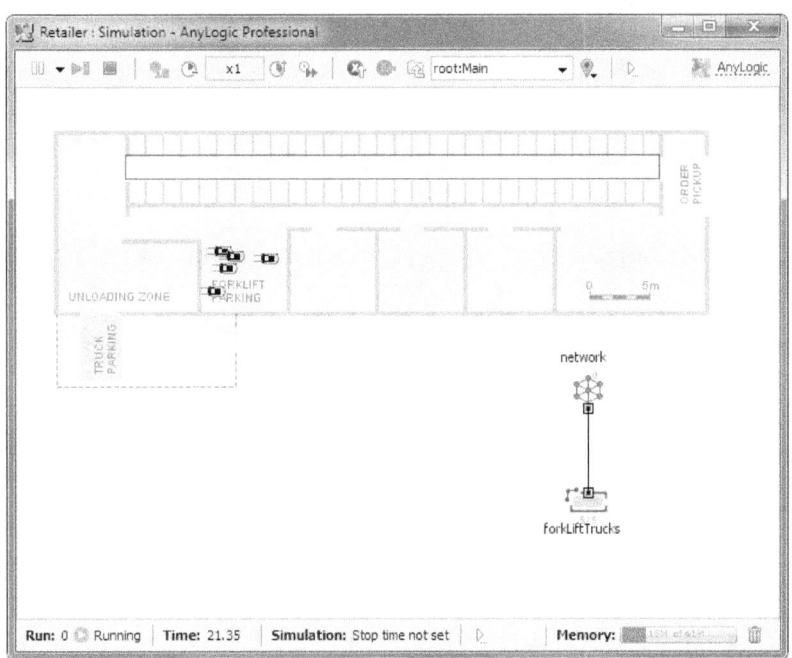

📖 タイプミスによるエラーを修正する

　モデルを構築する際に発生する可能性のある一般的なエラーは、モデル要素の名前の間違いである。AnyLogic 内の名前は大文字・小文字を区別する。つまり、*shapeForkLiftHome* と *shapeforklifthome* とは異なるオブジェクトとして認識され、エラーを発生させる可能性がある。

　エラーを修正するためには、**Problems** ビューのリストをダブルクリックする。もし、モデル図にエラーがあれば、AnyLogic はエラーを起こした要素をグラフィカル・エディタ上でハイライト表示する。また、要素のプロパティにエラーがあれば、要素の **Properties** ビューが開き、エラーが発生した項目が表示される。

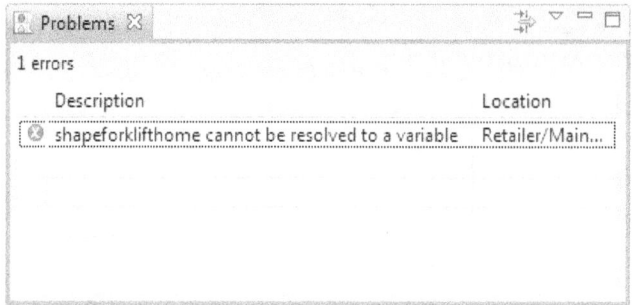

15. 倉庫のストレージをモデル化するために NetworkStorage オブジェクトを追加し、下記のプロパティを変更する。

- Name: *storage*
  Network: *network*
  Positions (per row): *30*

  今回のストレージは 1 列に 30 棚を想定する。このパラメーターは通路の両側にどれだけのネットワーク・ノードを設置するかを定義する。各ノードは、実際には複数の階層からなる占有スペースであり、Number of levels を設定して調節することができる。

- すなわち、Positions (per row) :60、Number of levels : 4 のストレージは 60* 4* 2=480 の格納スペース（セル）を持つことを意味する。最後にかけた 2 は、通路の両側に棚があることを意味する。それぞれの格納スペースは 3 つの座標を持つ（row (0..1)、position (0..npositions)、level (0..n levels)）。

  Shape of the aisle: *shapeAisle*
  Position depth: *15*
  Front end entry node: *shapeAisleFront*
  Back end entry node: *shapePickup*
  Draw stored entities*: At the center of the cell*

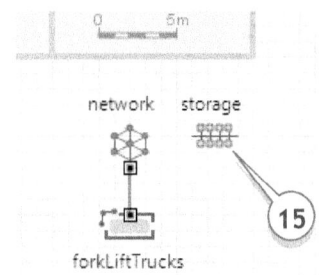

📖 倉庫のストレージのモデリング

4種類のエンタープライズ・ライブラリ(Enterprise Library)を組み合わせることで、複数の場所にストレージが配置され、標準的構造を持つ倉庫をモデル化することができる。

NetworkStorage はストレージのセルを定義する。各セルは一度に 1 つのエンティティを格納できる。NetworkStorage オブジェクトは通路の両側にセルを持つ。通路に沿ってノードとセグメントを作成し、ネットワークに対してそれらを追加し、通路の両側に位置するエンティティを管理する。

ストレージを定義するために 3 つの Rectangle を描き入れる（Front end entry node：*shapeAisleFront*、Shape of the aisle：*shapeAisle*、Back end entry node：*shapePickup*）。2 つの entry node はネットワーク（Group(*networkGroup*)）に属している必要があるが、通路はネットワークに属してはいけない。

ネットワーク経路は、Front end entry node から通路(Shape of the aisle)の中心を通って、Back end entry node まで作成される。NetworkStorage は両側のセル・ノード間で、セル・ノードがすべてネットワークに接続されるように、通路の中心に通路を横切った短い経路および小さなノードを作成する。

1 列に並んだセル・ノードの幅は、1 列当たりの棚の数(Positions (per row))で割られた通路の長さとして自動的に計算される。エンタープライズ・ライブラリ(Enterprise Library)・オブジェクトから、下図のようにフローチャートを作成し、各オブジェクトに名前を付ける。このように、ネットワー

112　AnyLogic 入門

ク系のオブジェクト(Network...)と通常のオブジェクト(Delay、Queue)は混在させて接続可能である。

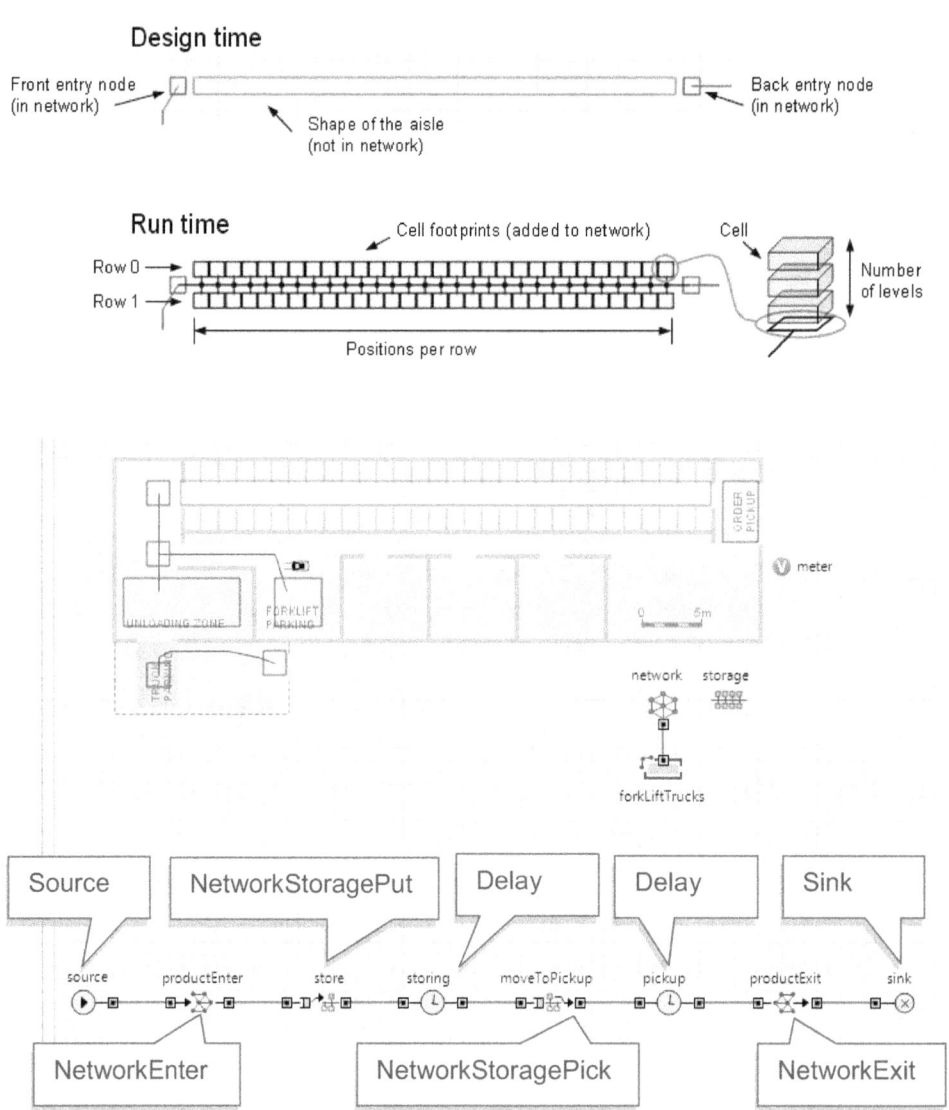

16. **Source** オブジェクトで、小売業者への製品の到着をモデル化する。

- オブジェクトのプロパティとして、Entity animation shape に *pictureBox* を指定する。Source オブジェクトが生成するエンティティに画像を関連付ける。

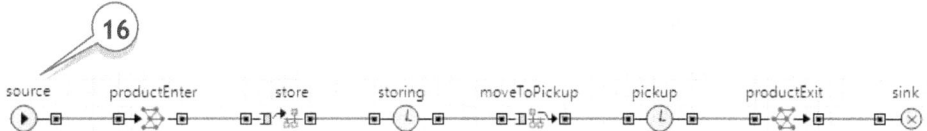

17. NetworkEnter オブジェクトは、ネットワークへと流入するエンティティを追加し、指定されたネットワーク・ノードに配置する。

- Network: *network* ーエンティティが属するネットワークを定義する。Network オブジェクトの名前を指定する。
- Entry node: *shapeUnloadedProducts* ーエンティティが表示されるネットワーク・ノードを定義する。ノードを定義する Rectangle の名前を指定する。
- Speed: forkLiftTrucks.speed ーエンティティがネットワーク中を移動するスピードを指定する。ここでは、フォークリフトの速度を指定する。

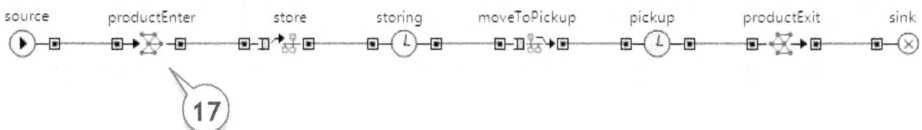

18. NetworkStoragePut は、与えられたストレージ、あるいは、ストレージ・ゾーンの各セルにエンティティ（必要に応じて moving リソースの助けを借りる）を配置する。エンティティはその現在の場所からセルのある場所に移動させられる。この NetworkStoragePut オブジェクトは、

受け取った製品をどのように倉庫のストレージに配置するかをモデル化する。

- Storage or zone: *storage*–エンティティを格納するストレージを定義する。NetworkStorage オブジェクトの名前を指定する。
- 製品がリソース（フォークリフト）によってストレージのセルに格納されるように Use resources to move チェックボックスを選択する。
- List of resources {pool1, ...}: *{forkLiftTrucks}* –どのリソースを使って製品をストレージに格納するかを定義する。NetworkResourcePool オブジェクトで定義されたリソースのリストの名前を指定する。

リソースのリストを指定する際は、リソースの名前を中括弧内で括る（たとえそれが一つだったとしても）。オペレーションが複数のリソース・ユニットにわたって行われる場合は、それらの NetworkResourcePool オブジェクトのリストを指定する。例えば、2 人の看護師と X 線室が必要な場合、*{ Nurse, Nurse, XRay }* と書く。

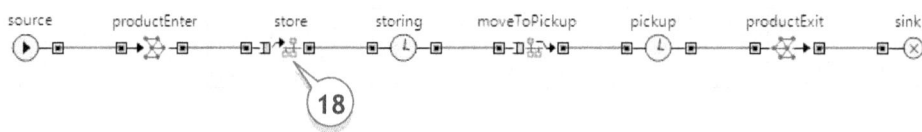

19. Delay オブジェクトは、指定した時間だけエンティティを遅らせる。製品を倉庫のストレージに格納する作業をモデル化するために利用する。

- Delay time: *uniform(20, 45)* minute()* -格納する時間を定義する。
- オブジェクトの容量をできるだけ大きくするために Maximum capacity チェックボックスを選択する。制限なくエンティティを同時に遅らせることを可能にするためである。

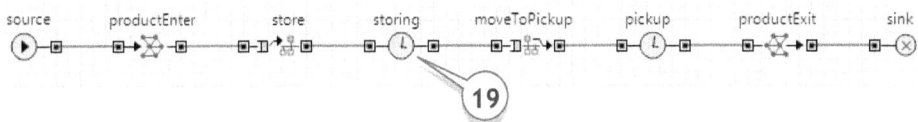

(19)

20. **NetworkStoragePick** オブジェクトはストレージのセルからエンティティを取り出し、指定された場所にそれを移動させる。必要に応じて moving リソースの助けを借りる。ここでは、フォークリフトがストレージのセルから製品を取り出すオペレーションをモデル化する。

- Storage or zone: *storage* –エンティティが格納されているストレージを定義する。
- Destination node: *shapePickup* –エンティティがストレージのセルから取り出された後、移動させられる場所を定義する。
- 製品がリソース（フォークリフト）によって移動させられるように、Use resources to move チェックボックスを選択する。
- List of resources {pool1, ...}: *{forkLiftTrucks}* –どのリソースを使って製品を移動するかを定義する。NetworkResourcePool オブジェクトに定義されたリソースのリストの名前を指定する。

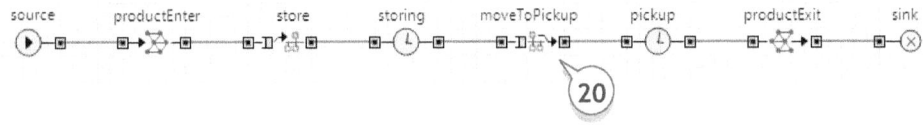

(20)

21. **Delay** オブジェクトでエンティティを取り出す時間をモデル化する。

- Delay time: *minute()*
- Maximum capacity チェックボックスを選択する。

22. モデルを実行する。製品が小売業者の荷降ろし(UNLOADING ZONE)エリアに配達され、倉庫のストレージに格納され、最終的にピックアップ(ORDER PICKUP)エリアに運ばれることを確認する。

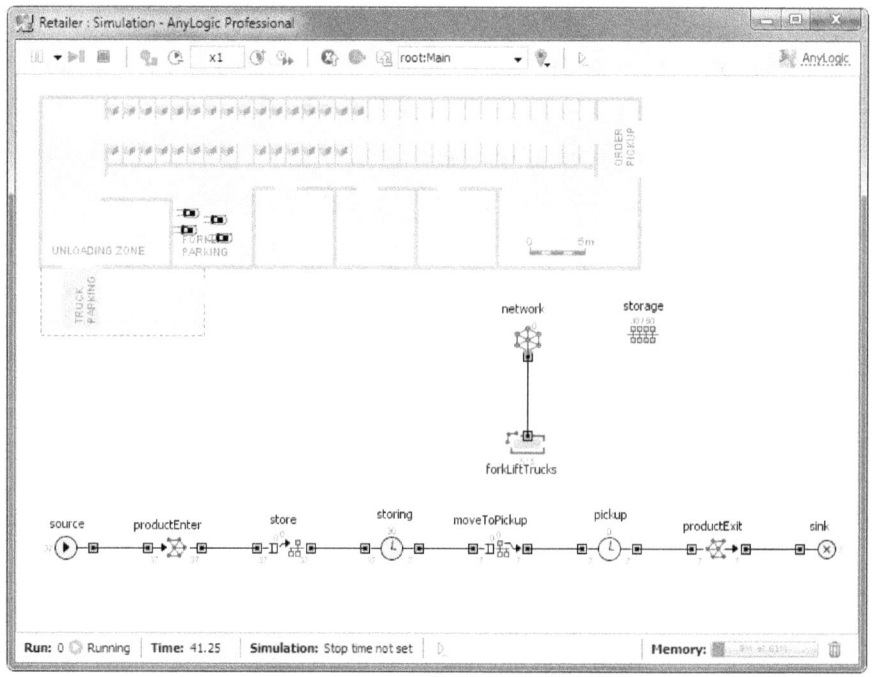

3.4. 製品を運ぶトラックの追加

次に、製品の配送をモデル化する。

- 小売業者に製品を配達するのはトラックである。トラックにはそれぞれ 10 個の製品が積載されている。
- トラックが到着した後、荷降ろしにかかる時間は三角分布（ 1, 2, 3 分）に従うものと仮定する。
- 荷降ろし後、フォークリフトが製品を倉庫内のセルへと運ぶ。

1. トラックの画像を追加し、サイズを少しだけ縮小する。

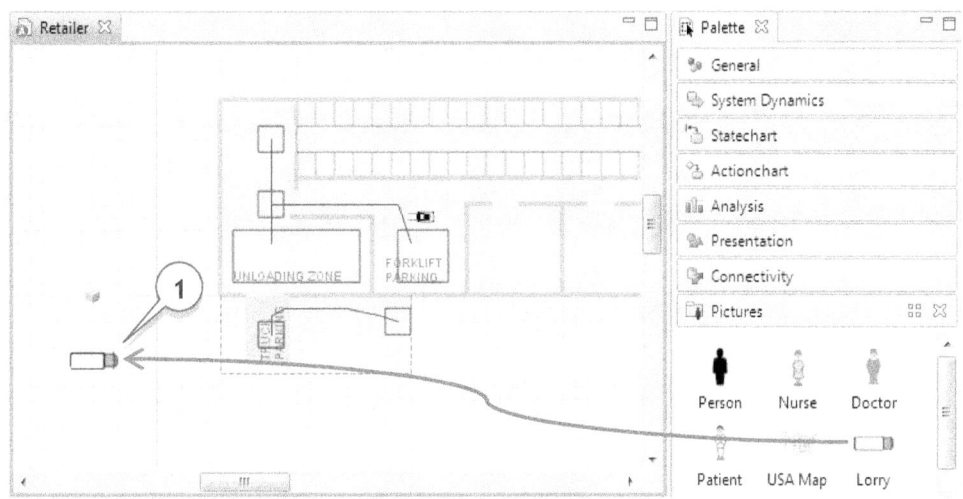

新しいロジックをモデル化するためにフローチャートへ新しいオブジェクトを追加する。下図で示すように名前を設定する。

2. 製品がまとめられた状態で小売業者に配達されるオペレーションをモデル化するために Batch オブジェクトを追加する。

- 後で個々のエンティティ（洗濯機が梱包された箱）を荷ほどきするために Permanent batch チェックボックスを外す。
- Batch animation shape : *lorry* – まとめられたエンティティの画像を定義する（今回はトラック）。
- Enable rotation チェックボックスを選択することで、エンティティの進行方向への回転表示を可能にする。

3. この NetworkEnter オブジェクトはネットワークにトラックを追加する。

- Network : *network* – トラックが属するネットワークを指定する。
- Entry node : *shapeUnloadEntry* – トラックが発生するネットワーク・ノードを指定する。
- Speed : *2*meter/second()* - トラックのスピードを設定する。

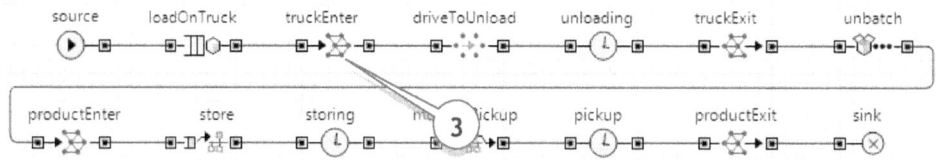

4. NetworkMoveTo オブジェクトはネットワーク内の指定する位置にエンティティを移動させる。荷降ろし(UNLOADING ZONE)エリアにトラックが移動するように設定する。

- Node：*shapeTruckUnloading* - 行き先のノードを指定する。
- On exit：*entity.setOffsets(0、0、PI/2)* - トラックが荷台を向けて停止するように設定する。ここでの *PI* は数学的な定数πである。PI/2は回転角を90度に指定する。

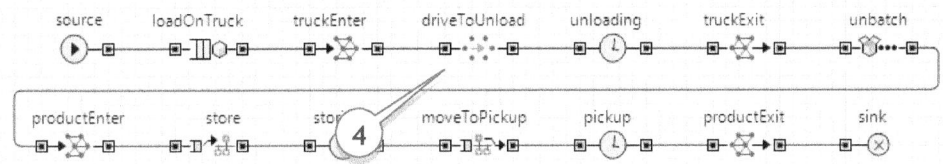

5. この Delay オブジェクトはトラックからの荷降ろし時間をモデル化する。

- Delay time：*triangular(1, 2, 3)*minute()* - 荷降ろし時間を定義する。
- トラックが制限なく多くの荷降ろしを同時に可能にするために Maximum capacity チェックボックスを選択する。

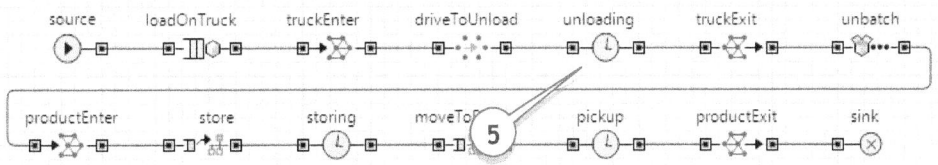

各プロセスの所要時間に関するデータが少ないか、あるいは、利用できない場合、三角分布が一般的に用いられる。三角分布には3つのパラメーター値が必要となる（最小値、最頻値、最大値）。

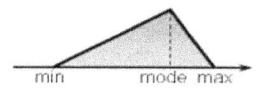

AnyLogicは30種類を超える確率分布を提供する（一定、指数関数、対数正規、二項式、ベータ、幾何学的、ポアソン、・・・）。確率分布のリストはAnyLogic HelpのAnyLogic Classes and Functions | AnyLogic functions | Probability Distributionsにある。

minute関数は、現在のタイム・ユニットの設定（Time unitsはモデルのプロパティで設定）によって1分と等しい値を返す。

secondsがモデルのTime unitsであるとする。この場合、minute関数は60を返す。この値を乗算することによって分から秒へと変換することができる。別のTime unitsを選べば、同じロジックは作動するが、minute関数は別の値を返す。所要時間を指定するにはこの方法を使用する。これにより、値はモデルのTime unitsに依存しなくなる。

6. NetworkExitオブジェクトは、ネットワークからトラックを取り除く。

7. Unbatchオブジェクトは、まとめられたエンティティを元の状態に戻す。これにより、トラックからの荷降ろしオペレーションをモデル化する。

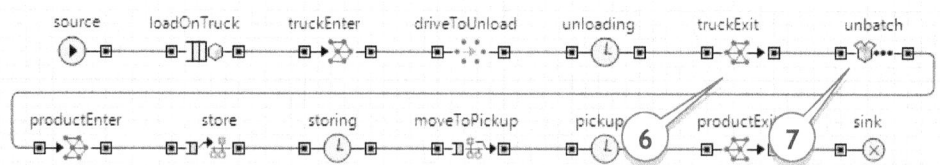

8. モデルを実行する。ProjectsビューでRetailerモデルのSimulation Experiment（Simulation）を右クリックして(Mac OS: Ctrl+click)、ポッ

AnyLogic 入門　**121**

プ・アップ・メニューから Run を選ぶ。トラックが倉庫にどのように製品を配達するか可視化される。

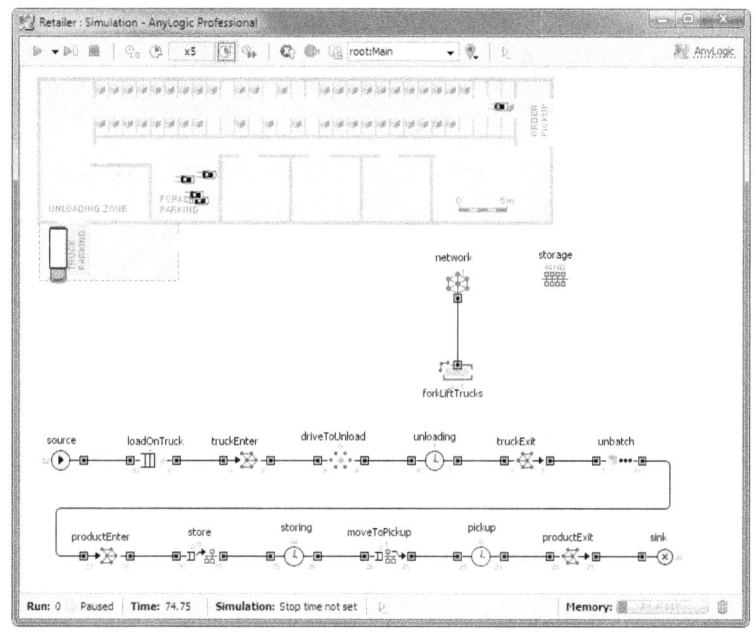

📖 実験 (Experiment)

- Experiment はモデルのパラメーター設定を保存する。AnyLogic では、設定の異なる複数の Experiment を実行することができる。

- 新しいモデルを実行する場合、1 つの Experiment が自動的に生成され、*Simulation* と名前が付けられる。

- Simulation Experiment は、アニメーションによる可視化とデバッグを実行しながらモデルをシミュレーションする。パラメーターの設定値が重要な役割を果たし、それらがどのようにモデルの挙動に影響するかを分析したい場合、あるいは、最適なパラメーター値を見つけたい場合は、他の種類の Experiment を利用することができる。

3.5. 在庫補充方針のモデル化

在庫補充方針として、(s, S)方針をモデル化する。

- 2つの在庫レベルを定義する。最小(s)、最大(S)。
- 在庫数（納品在庫+オーダー在庫）が決められたレベル s を下回る度に、在庫数がレベル S に到達するように注文を行う。

1. 小売業者の在庫水準の現在値を格納するために変数(Variable) *inventory* を追加する。*inventory* は製品の数を計算するので、型(Type)は整数(int)を指定する。

2. 最大の在庫数を定義するためにパラメーター(Parameter)*S* を追加する。Default value に小売業者の倉庫の棚と同じ数(*60*)を指定し、On change

に *applyInventoryPolicy();* と記入する。このコードは、後で定義する関数を呼び出し、小売業者の在庫補充方針を再計算させる。

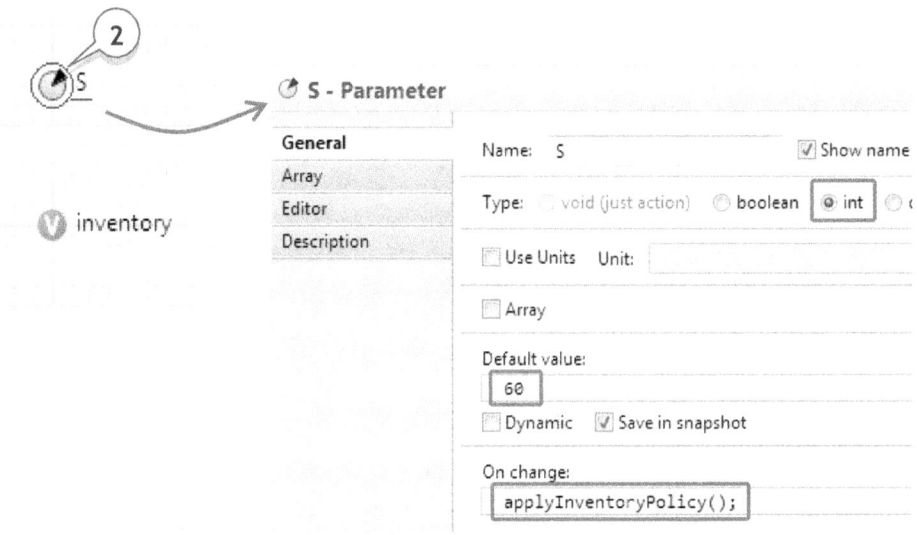

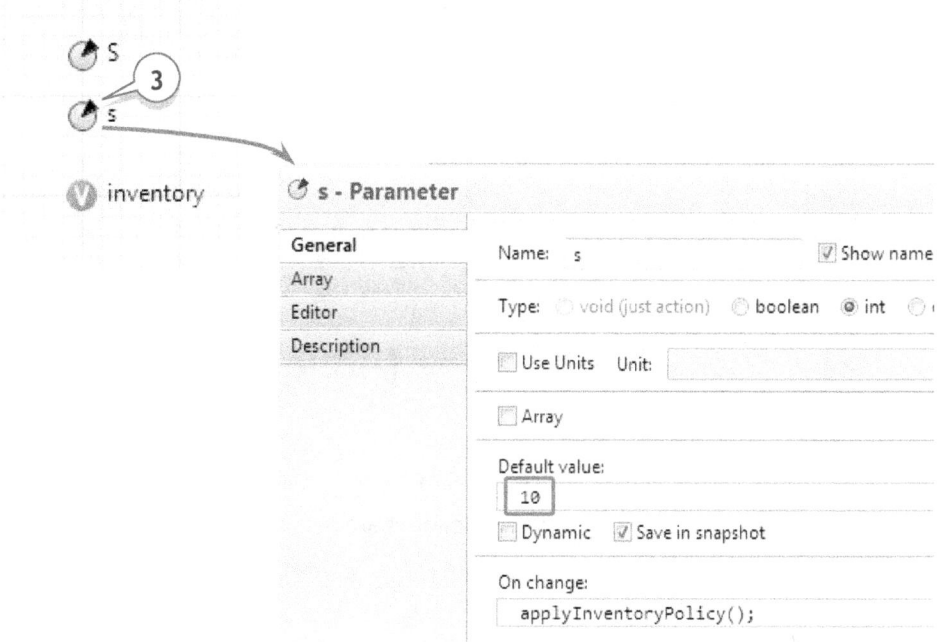

3. 最小の在庫数を定義するためにパラメーター(Parameter)s を追加する。Parameter(S)を Ctrl+drag (Mac OS: Cmd+drag)で複製し、名前を s、Default value を 10 に設定する。

> 同じような数量に関する情報が、異なる要素(Variable、Parameter)で定義されていることに注目してほしい。

📖 パラメーター(Parameter)と変数(Variable)

- パラメーター(Parameter)は、一般的にモデル化されたオブジェクトの静的な特性を定義するのに用いる。従って、パラメーターはシミュレーションにおける定数であることが多い。モデルの振る舞いを調整する必要がある場合に限りその値を変更する。

- 変数(Variable)は、一般的にモデル・シミュレーションの結果を格納する。あるいは、時間の経過と共に変化するデータをモデル化するのに用いる。

> 在庫水準を確認し、在庫が少ない場合には製品を注文するアルゴリズムを定義する。図を用いてアルゴリズムを定義する Actionchart を利用する。

📖 アクション・チャート(Actionchart)

- アクション・チャートは図を用いてアルゴリズムを定義する、構造化されたブロック図である。Actionchart パレットから作成する。
- アクション・チャートを利用することで、Java オペレーター・シンタックス（文法）に精通していなくてもアルゴリズムを定義することができる。
- アクション・チャートには、実装されたアルゴリズムを視覚化し、他のユーザーに対して容易に伝えられるというメリットもある。

4. Actionchart の要素を追加してアクション・チャートを描く。Actionchart パレットから Action Chart 要素をドラッグする。Action Chart は、出発点（結合子）、及び「戻り値」（端末）ブロックから構成される図である。これ以降、アルゴリズムのロジックに従って、Actionchart の要素を内部に挿入する必要がある。

5. Action Chart に *applyInventoryPolicy* と名前を付ける。

AnyLogic 入門   **127**

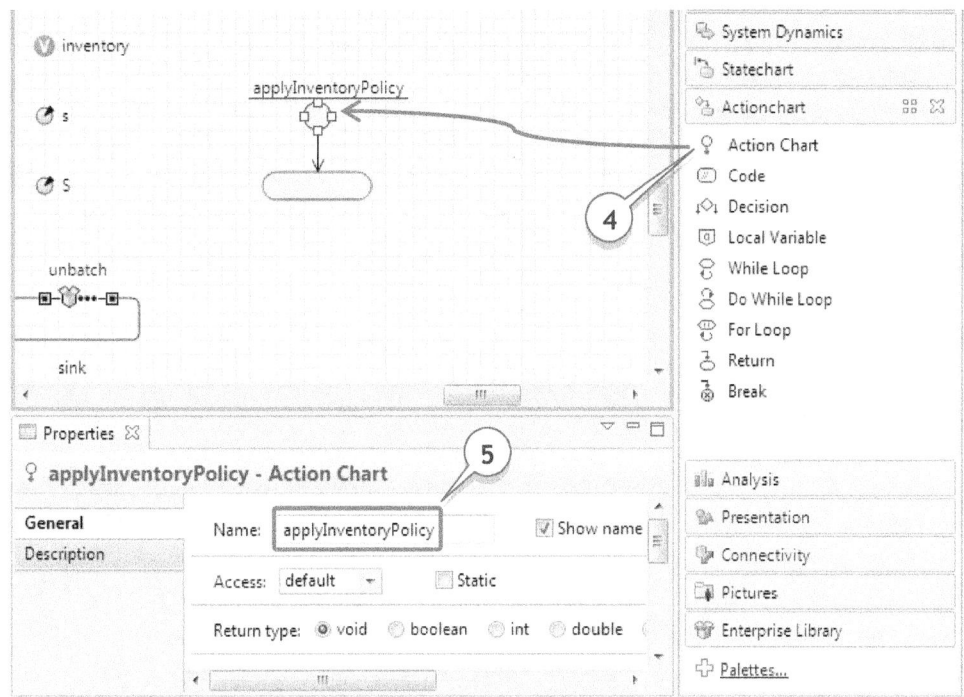

6. アクション・チャートの分岐として Actionchart パレットから Decision 要素をドラッグする。アルゴリズムが条件を判断し、その結果を利用してモデルが動作を行うには、Decision ブロックを利用すると良い。Decision ブロックはアルゴリズム・フローを辿る最も簡単な方法である。ブロックには 2 つの出口分岐(true、false)がある。他のブロックを利用して、さらに分岐にアクション・シーケンスを定義することもできる。制御が Decision ブロックに達したとき、指定された条件が真なら true の分岐が行われる。そうでなければ、false の分岐が行われる。

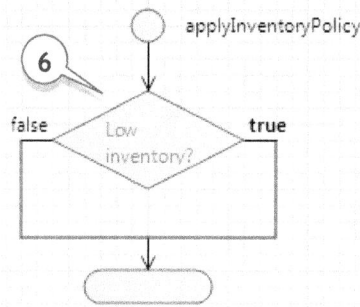

7. Decision のプロパティを変更する。現在の在庫が設定された最小の在庫 s より少ないかを判断するために Condition に *inventory < s* と記入する。Comments に *Low inventory?* と記入する（ダイアグラムに表示）。

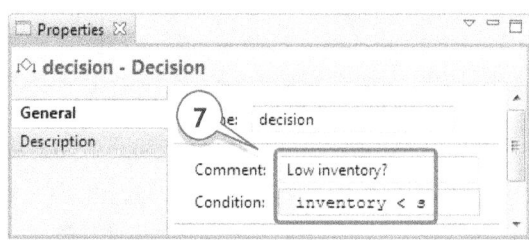

📖 アクション・チャートへブロックを追加する

パレットからアクション・チャートにブロックをドラッグし、アクション・チャートの上にマウスを移動すると、アクション・チャートの分岐点に挿入ポイントが小さな緑の円で表示される。分岐へブロックを追加するためには挿入ポイントの上に移動し、マウスをドロップする。

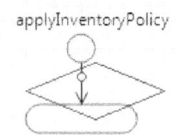

在庫レベルが少ない場合の製品の発注を実装するために、Decision ブロックの true の分岐にブロックを 2 つ追加する。

8. 最初に、Actionchart パレットから Local Variable を追加する。Local Variable はアクション・チャート内だけで有効な変数を定義する。Local Variable に *quantity* と名前を付ける。*quantity* は「最大の在庫数－（最小の在庫数－現在の在庫数）」により計算された数が代入される。

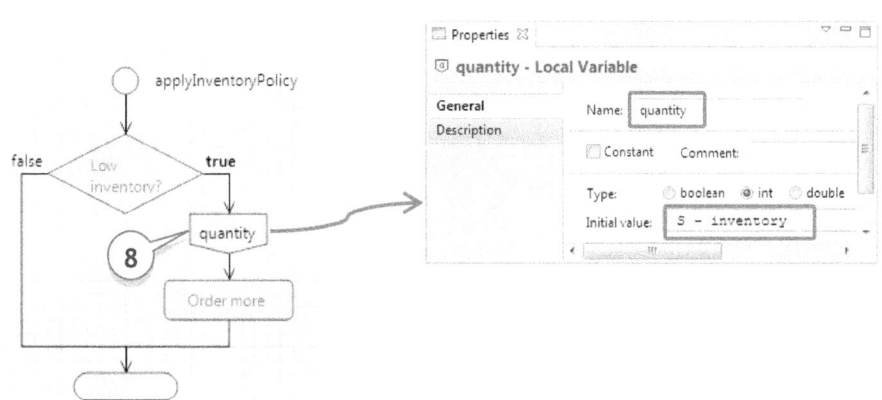

9. 次に、Code ブロックを追加する。このブロックは下記のコード(Code プロパティに定義する)を実行する。

source.inject(quantity);

inventory += quantity;

Code ブロックは、アクション・チャートへコードの断片を挿入することを可能にする。Code は 1 行の Java ステートメント、あるいは、末尾がセミコロンで終了した 1 組（複数行）のステートメントになる。

1 行目は、*source* オブジェクトにエンティティ（*quantity* と同数）を生成させる。2 行目は、この値(*quantity*)で在庫レベル(*inventory*)を増加させる。

コードの意味を伝えるために、任意で Comment（今回は *Order more*）を追加できる。コメントは Code の代わりにブロック内部に表示される。

Decision ブロックは在庫水準(*inventory < s*)を確認し、製品の発注が必要な場合、変数 *quantity* を作成し、必要な数(*S - inventory*)を割り当てる。その後、*source.inject(quantity);*をコールし、製品を発生させる。最後に、在庫水準を再計算する。

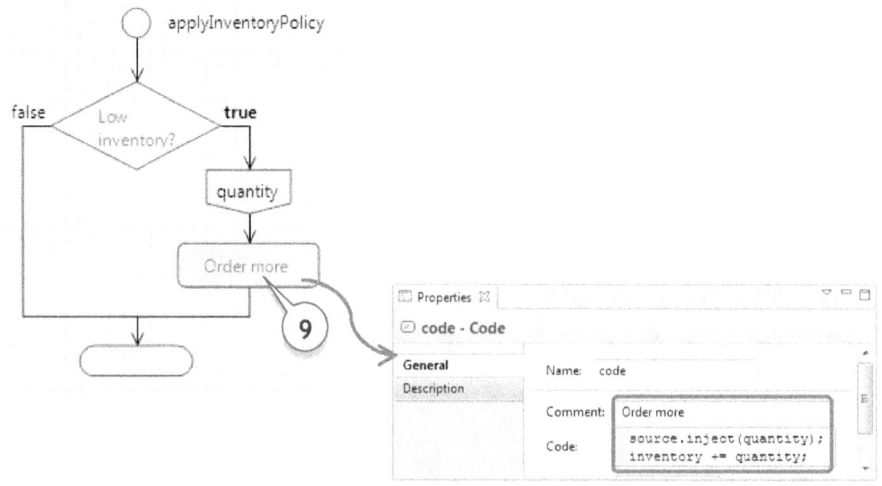

AnyLogic 入門 **131**

> スタート時、及び、製品が配送される度に製品の在庫水準を確認するオペレーションをモデル化したい。まず、スタート時点での確認を実装する。

10. Projects ツリーから Main を選択する。

11. モデル起動時にアルゴリズムを実行するために、Main クラスの Startup code で Action Chart を呼ぶために *applyInventoryPolicy();* と記入する。

- Startup code はモデルのオブジェクトが構築され、接続され、初期化された後で、他の何かが実行される前に、すなわち、モデル初期化の最終段階で実行されるコードである。追加の初期化やイベント発生のようなオブジェクトの活動を記述することができる。

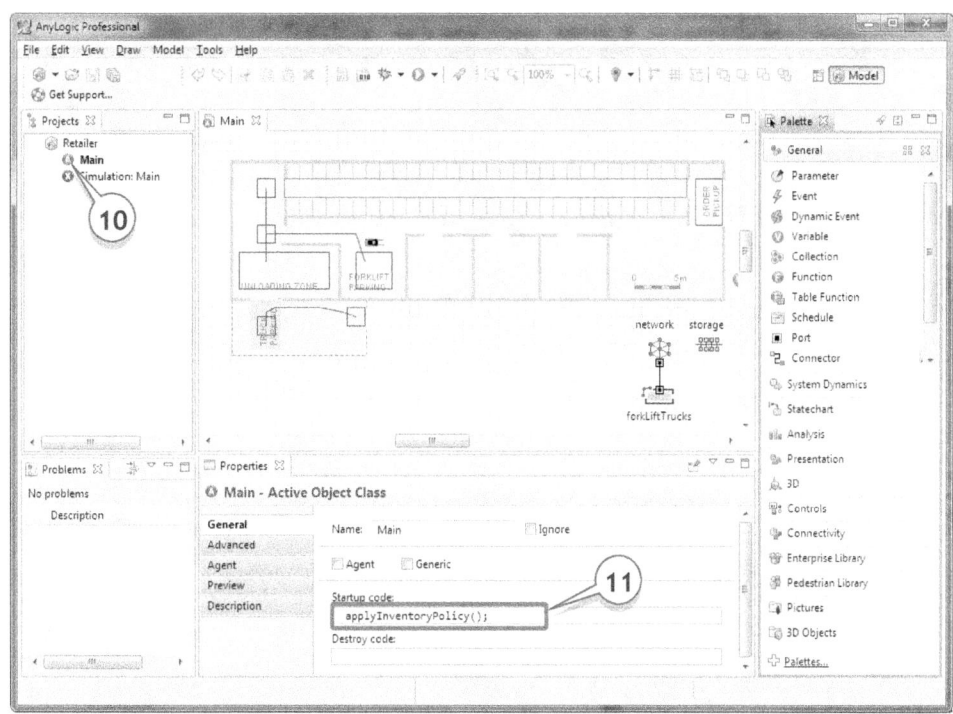

📖 Action Chart で定義したアルゴリズムの実行

- Action Chart は通常の関数と同じように実行される。末尾に括弧をつけて Action Chart を呼ぶ。

    applyInventoryPolicy ();

- Action Chart が引数を持つ場合は、引数の値を渡す必要がある。コンマで区切り、括弧内に記入する。

    moveTo(15, 20);

12. Source オブジェクトのエンティティの生成方法を変更する。Arrivals defined by から Manual(call inject() method)を選択する。変更によりエンティティは決められた確率では生成されず、*inject()* メソッドでのみ発生する（Action Chart *applyInventoryPolicy* の Code ブロックに記述した）。

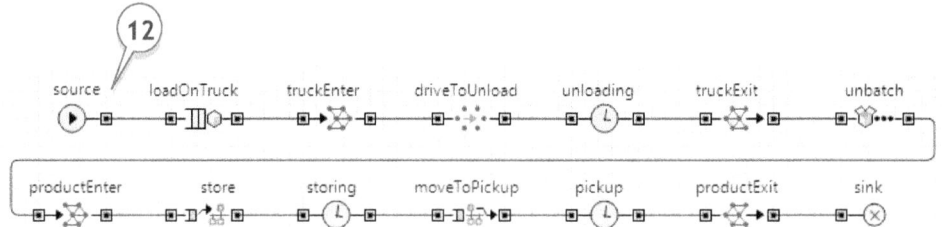

13. 次に、倉庫から製品を出荷した際に実行される動作を定義する。*moveToPickup* ブロックの On exit に下記コードを記述する。

    inventory--;
    applyInventoryPolicy();

AnyLogic 入門　133

　このコードにより、顧客に製品を出荷する毎に在庫の確認をするオペレーションを実装する。1 行目は製品の在庫レベルを一つ減らす。2 行目は工場に製品を発注する必要があるか判断するために **Action Chart** を実行する。

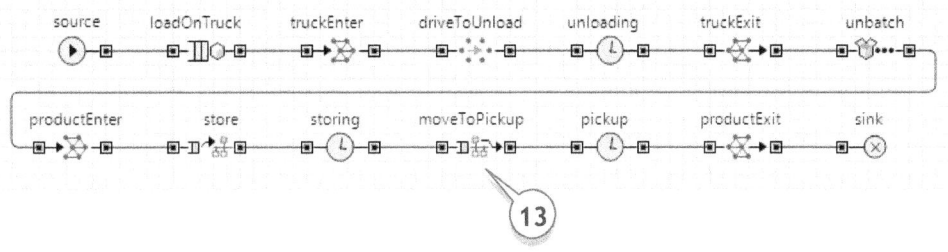

倉庫に格納された製品の数、及び、小売業者に配達されると予想される製品の数を表示するためにグラフを追加する。

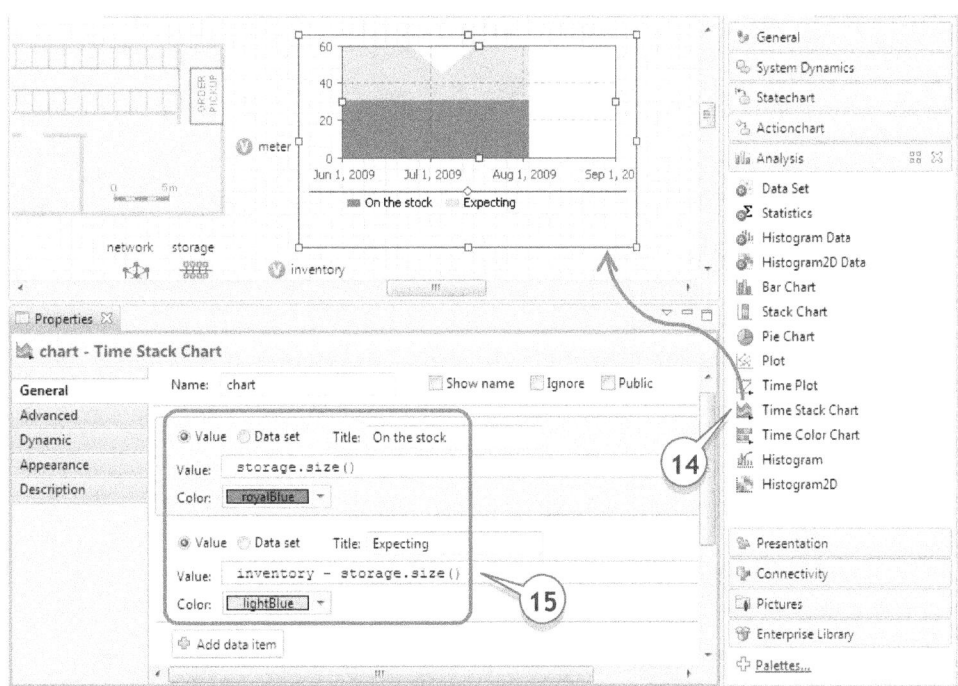

14. 時系列で変化する在庫数を可視化するために一番良い方法は、タイムスタックチャート(Time Stack Chart)である。Analysis パレットから Time Stack Chart を追加し、上図のようにサイズを調整する。

15. 2 つのデータ項目を追加する。1 つは Title を *On the stock*、Value を *storage.size()* と定義する（納品された製品の数）。もう 1 つは Title を *Expecting*、Value を *inventory – storage.size()* と定義する（配達されると予想される製品の数）。

16. タイムスタックチャートのプロパティを変更する。

- Time window：*week()* – タイムウィンドウを 1 週間に設定する。

- Vertical scale：Fixed - 縦軸を固定し、最大値(To)を *60* に設定する。

- Recurrence time：*hour()* – リカレンスタイムを 1 時間に設定する。

- Display up to：*200* – データ項目ごとに表示する値の最大個数を 200 に設定する。

17. Time axis format から Model date(date only)を選択する。

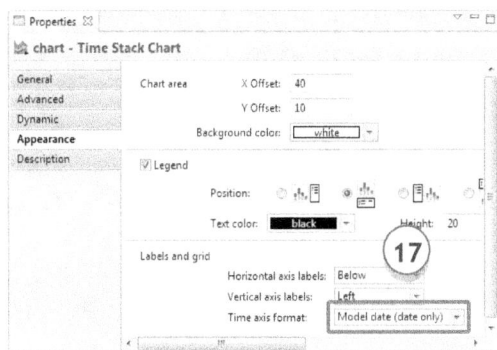

履歴のグラフ(Time Plot、Time Stack Chart、Time Color Chart)は、時間(X)軸ラベルにモデル日時を表示できる。Properties ビューの Appearance タブにある Time axis format で最適な書式を選択できる。

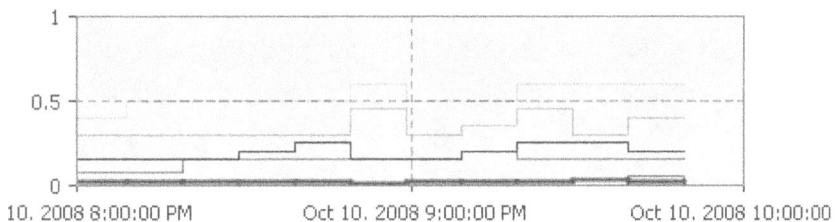

> シミュレーション実行中にパラメーターs と S をインタラクティブに変えるために 2 つのスライダー(Slider)を追加する。

18. Controlsパレットからダイアグラム上へSliderを追加する。

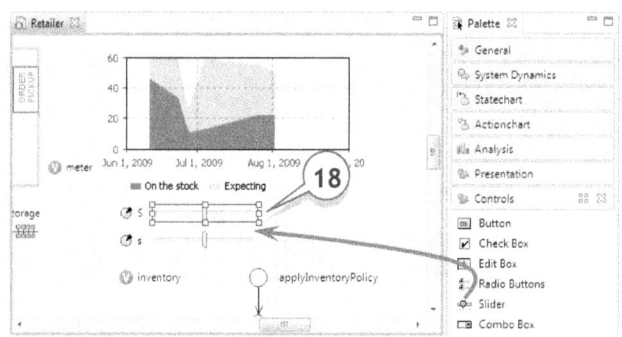

19. Link toチェックボックスを選択し、右のエディットボックスにパラメーターの名前(S)を記入する。Maximum valueを60にする。

20. Add labelsボタンをクリックし、最小値、現在値、最大値を表示する。

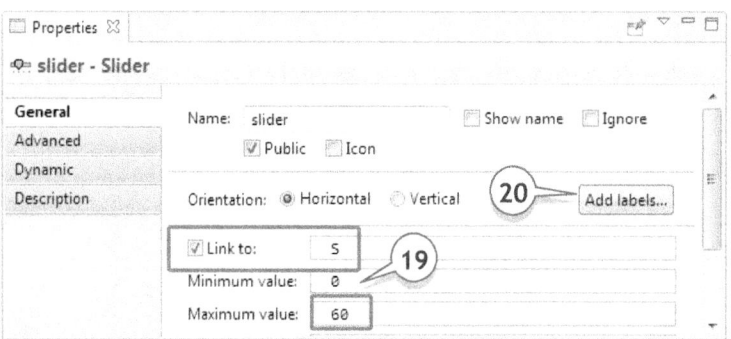

21. Ctrl+drag (Mac OS: Cmd+drag)を使って、このスライダーを複製し、パラメーターs用に設定する。

22. パラメーターs 用の Slider にも最小値、現在値、最大値を表示する。

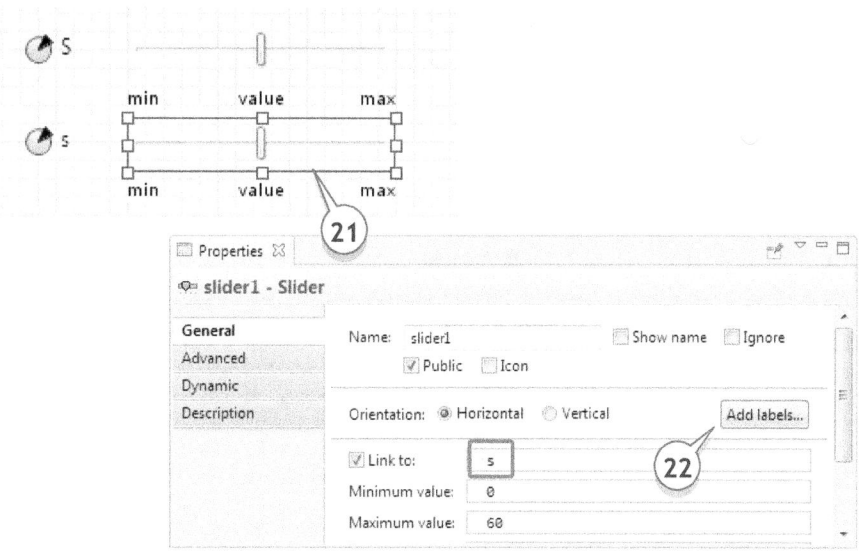

新しい要素に適合するためにプレゼンテーション・ウィンドウ(Presentation window)を拡大する。

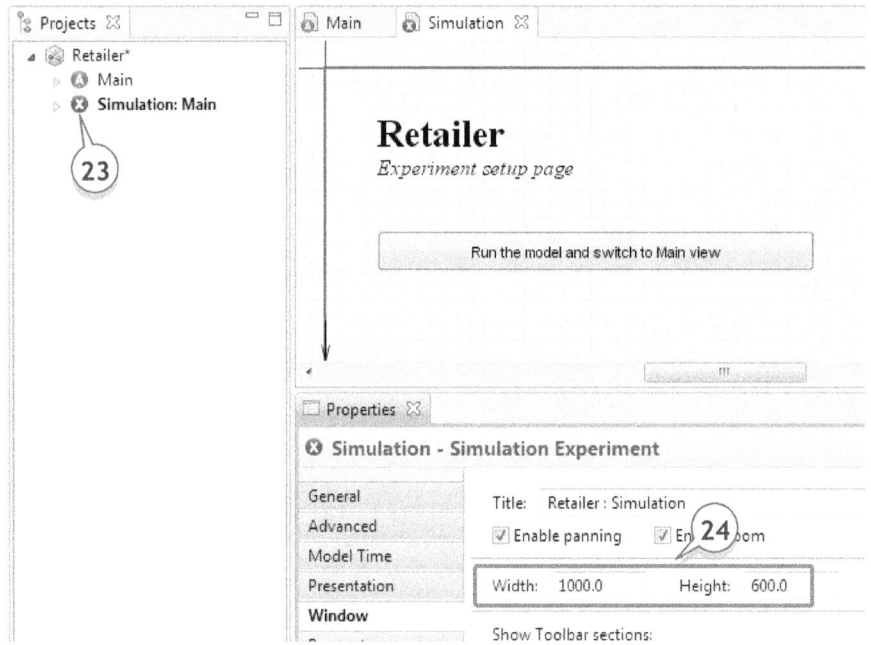

23. Projects ツリーから Experiment の Simulation:Main を選択し、Properties ビューを確認する。

24. Properties ビューの Window タブで Width を *1000*、Height を *600* に設定する。このようにプレゼンテーション・ウィンドウ(Presentation window)のサイズを指定する。

25. モデルを実行し、スライダーを動かす。モデルの挙動が在庫補充方針によってどのような影響を受けるかを確認する。

AnyLogic 入門 **139**

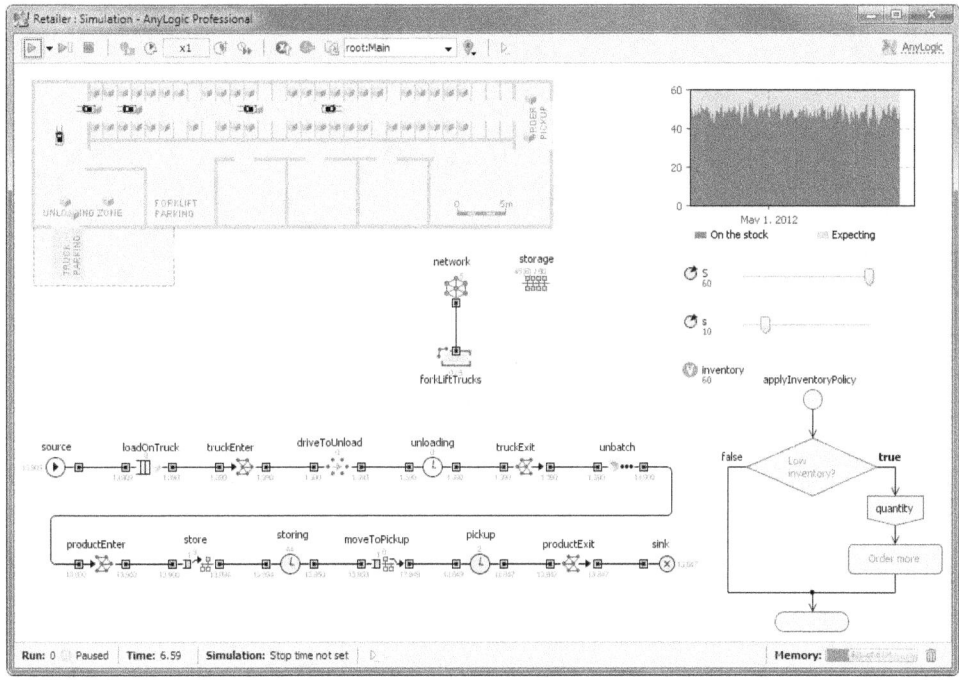

3.6. 3D アニメーションの追加

2D アニメーションと並列で動作する 3D アニメーションを作成する。

1. 3D パレットを開き、フローチャートの下に 3D Window オブジェクトをドラッグする。

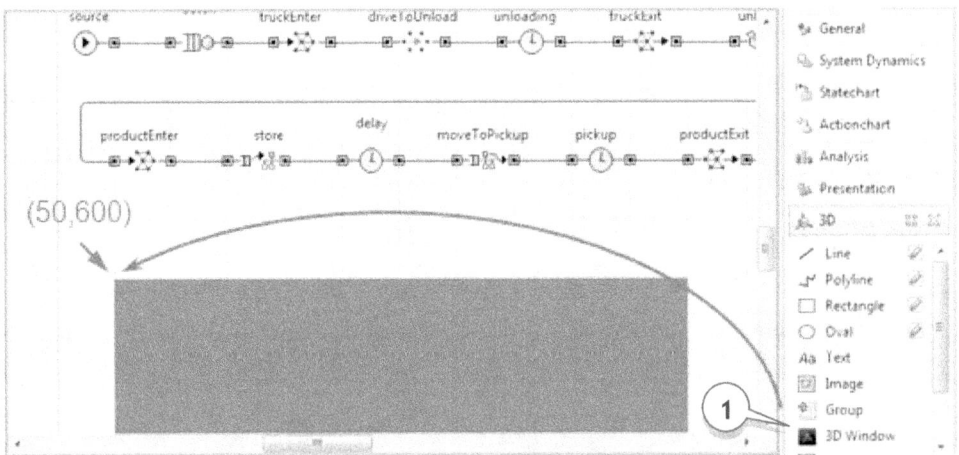

📖 3D Window

- AnyLogic は 3D Window の中に 3D アニメーションを表示し、複数の 3D Window で異なる観点を見せることができる。
- 3D Window は 2D アニメーションと並列で動作する。

2. ダイアグラムを右クリック(Mac OS: Ctrl+click)して、ポップ・アップ・メニューから Unlock all shapes を選択し、図形のすべてのロックを解除する。

3. 背景画像を選択し、Properties ビューの Show in 3D scene チェックボックスを選択する。

4. イメージを再度ロックするために Lock チェックボックスを選択する。

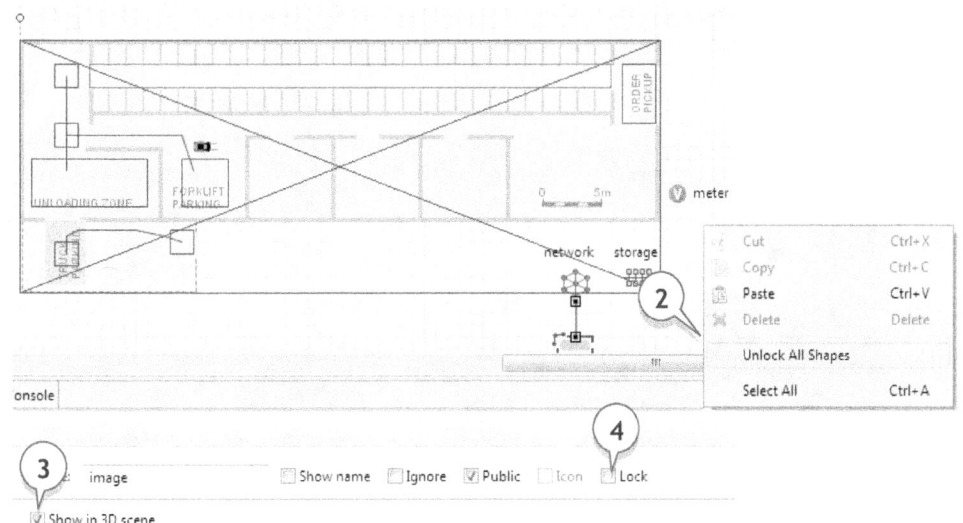

> 3D で最初に表示されるのはフロアの図である。基本的に Show in 3D scene チェックボックスを選択するまで 3D 表示はされない。

5. モデルを実行し、ツールバーの[window3d]ビュー・エリアを選択する。

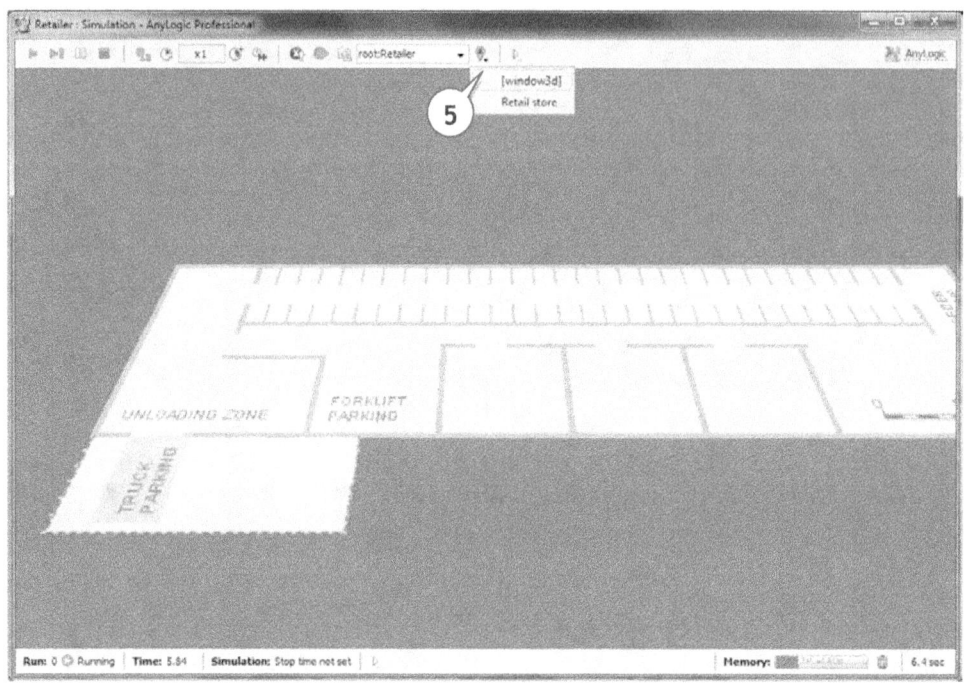

📖 3D アニメーションの表示領域

- 3D Window を作成する場合、実行時に 3D 映像を表示するビュー・エリアが追加される。このビュー・エリアはモデル・ウィンドウ一杯のサイズにまで拡大できる。
- ビュー・エリアを選ぶためには、ツールバーの Navigate to view area ボタンをクリックする。

6. フォークリフトの 2D 画像を削除する。

7. 3D Objects パレットから Fork Lift Truck オブジェクトを元と同じ場所にドラッグし、2D 用画像を 3D 用画像に置き換える。

8. 追加した Fork Lift Truck に *fork* と名前を付ける。フォークリフトのアニメーション画像（NetworkResourcePool の Idle unit animation shape）として fork は指定されているので、画像が置き換えられる。

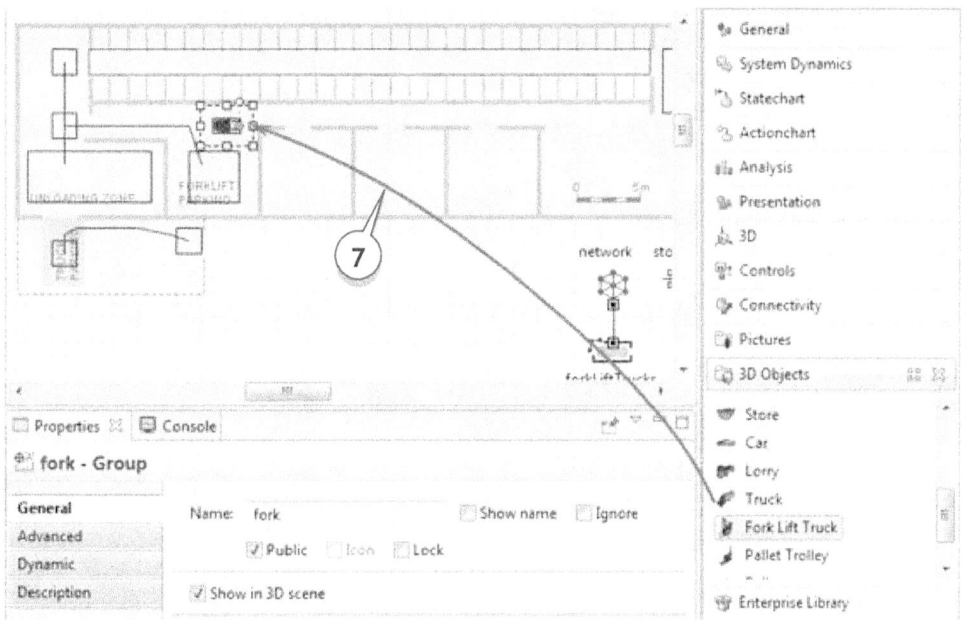

📖 3D オブジェクト・パレット

- 3D Objects パレットは、頻繁に利用される 3D オブジェクトを含む。パレットに利用したいオブジェクトがない場合、拡張子.x3d ファイルをインポートすることができる。

- 3D オブジェクトがモデルに追加された場合、AnyLogic はさらにその 2D 画像を作成し、グラフィカル・エディタと実行時の 2D アニメーションを表示する。

9. Group(*networkGroup*)を選択し、Show in 3D scene チェックボックスを選択する。

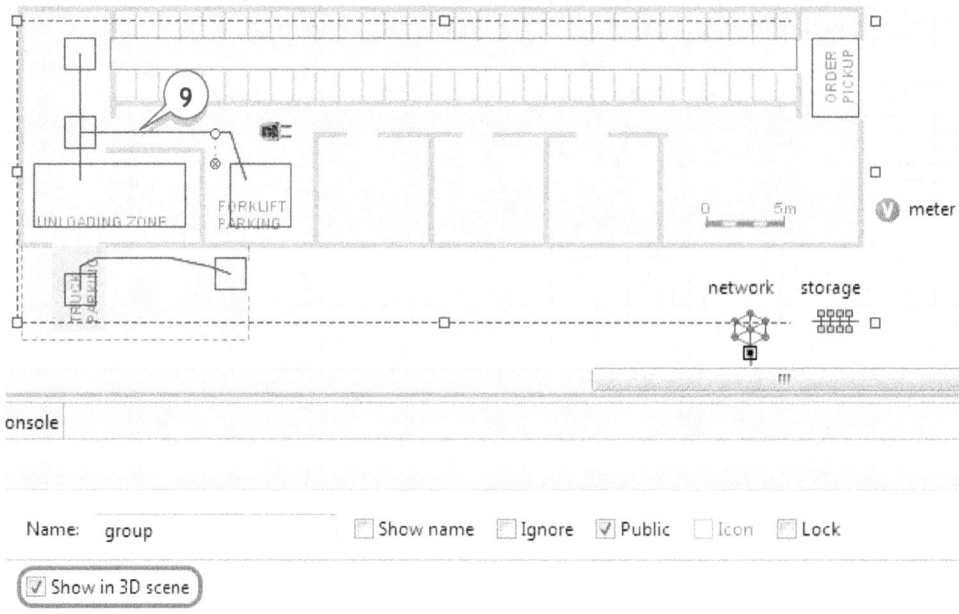

10. 任意のネットワーク図形を右クリック(Mac OS: Ctrl+click)して、ポップ・アップ・メニューから Select Group Contents を選択する。

> ネットワーク・グループを「3D」として設定しなければ、オブジェクトは3D スクリーンに表示されないことに注意。ここでは、ネットワーク図形にZ-Height は必要ないので、プロパティをリセットする。

11. グループ・コンテンツの Properties ビュー、Advanced タブで Z-Height に 0 を記入する。

AnyLogic 入門 **145**

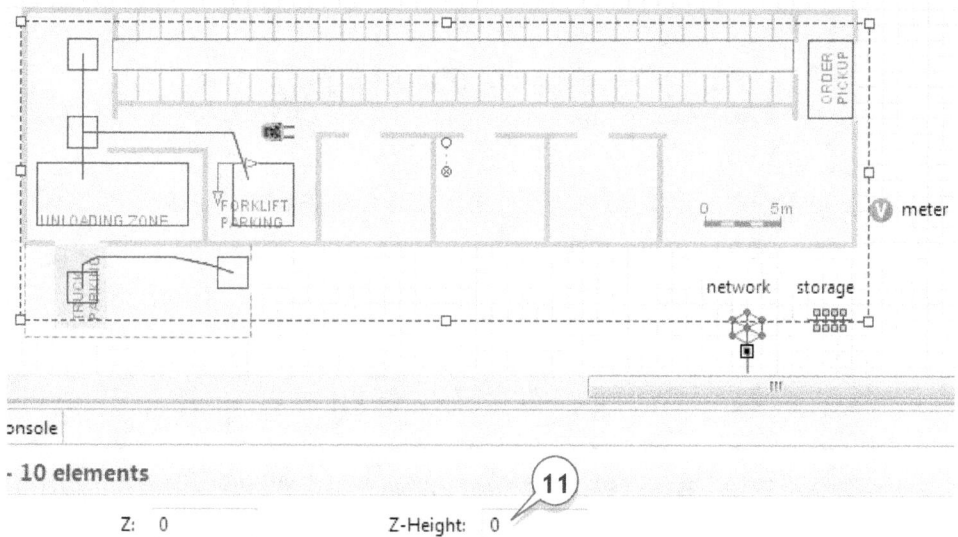

📖 **Z-Height** プロパティ

- 図形の Show in 3D scene チェックボックスを選択した場合、AnyLogic は 3D の「ボリューム」として自動的に図形の高さに 10 を設定する。
- 図形のグループに同じプロパティを設定した場合、グループのすべての図形に適用される。

12. モデルを実行する。3D window を表示してフォークリフトが倉庫を通って移動することを確認する。違った視点で見たければ、マウスを使って 3D の映像の中を移動することができる。

📖 3D アニメーションの操作方法

- マウスをドラッグ - カメラを同じ高度で前後左右に移動できる。
- マウスホイールを回転 - カメラをシーンの中心からズームできる。
- Alt キーを押しながらマウスをドラッグ - シーンを回転できる。

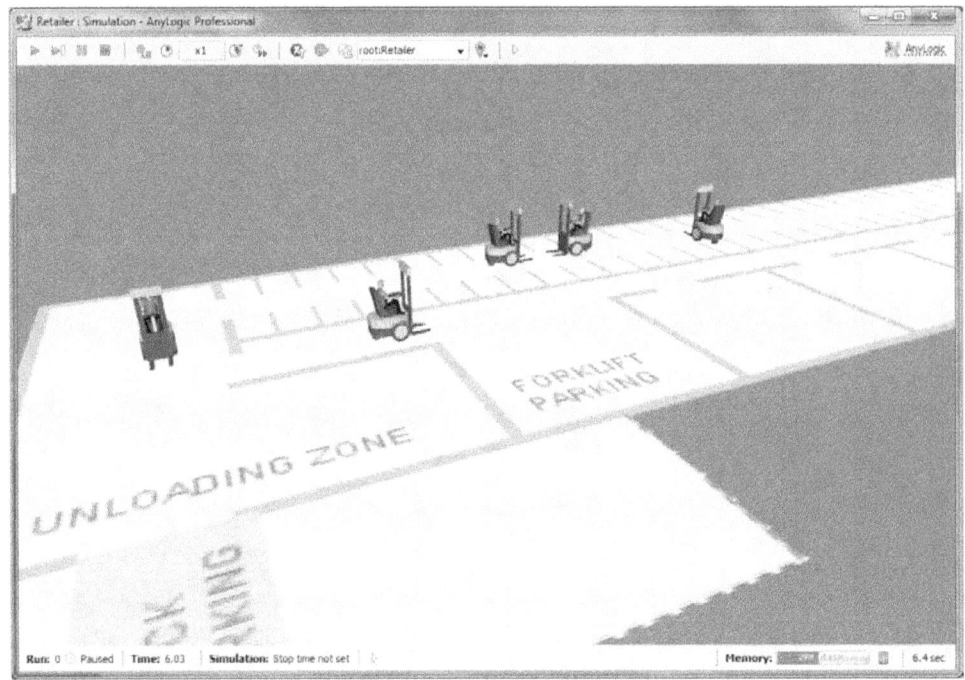

> 次に、フォークリフトと同じように箱の 2D 画像を 3D 画像に置き換える。

13. 箱（製品が梱包されている）の 2D 画像を削除する。

14. 3D Objects パレットには箱の画像がない。そこで、3D の Rectangle（Z-Height プロパティがある）を使う。3D パレットから Rectangle オブジェクトを同じ場所にドラッグし、2D 用画像を 3D 用画像に置き換える。

15. 3D の Rectangle のサイズを 10x10 ピクセルに設定する。

16. 3D の Rectangle に *pictureBox* と名前を付ける。

17. 3D の Rectangle の Fill color を Textures..|floorWood に、Line color を No line に設定する。Z-Height がある図形は Line color がないので垂直の面は Fill color で表現する。

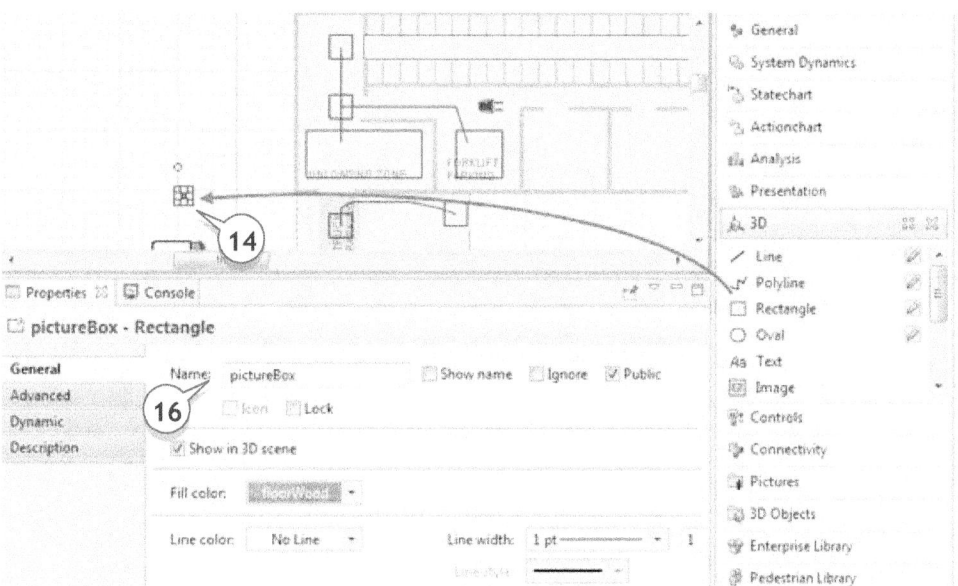

📖 3D の Line, Polyline, Rectangle, Oval

- Presentation パレット、及び、3D パレットで探す。3D パレットの図形は、既定値では Show in 3D scene チェックボックスが選択され、Z-Height に *10* が設定されている。

18. トラックの 2D 画像を削除する。

19. 3D Objects パレットから Lorry オブジェクトを同じ場所にドラッグし、2D 用画像を 3D 用画像に置き換える。

> 再び、2D 図形を 3D 図形に置き換える。3D の Lorry オブジェクトの既定値の名前は *lorry* なので名前を変更する必要はない。

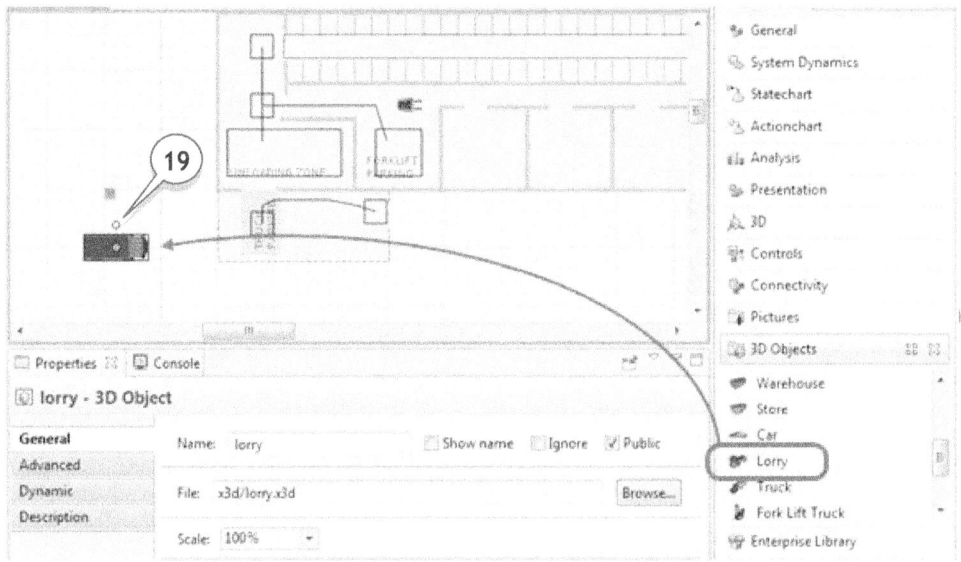

最後に、倉庫の装飾を行う。

20. 3D パレットの Polyline オブジェクトをダブルクリックして、荷降ろし(UNLOADING ZONE)エリアからピックアップ(ORDER PICKUP)エリアまで倉庫の外壁を描き入れる。

21. 残りの外壁も Polyline で描き入れる。

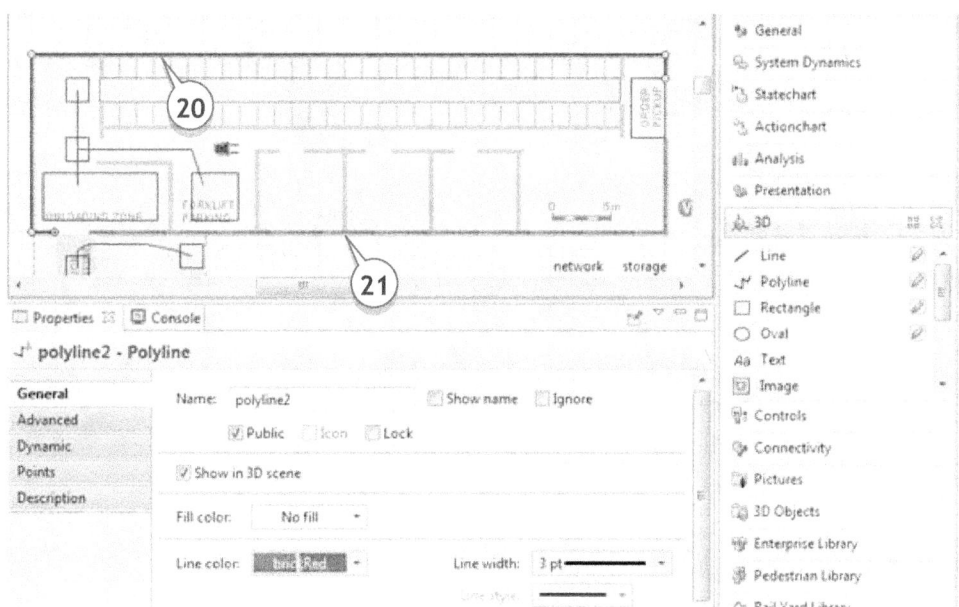

22. 両方の Polyline を選択し、下記プロパティを変更する。

- General タブの Line color：Textures..|brickRed
- General タブの Line width： *3pt*
- Advanced タブの Z-Height：*30*

23. モデルを実行する。

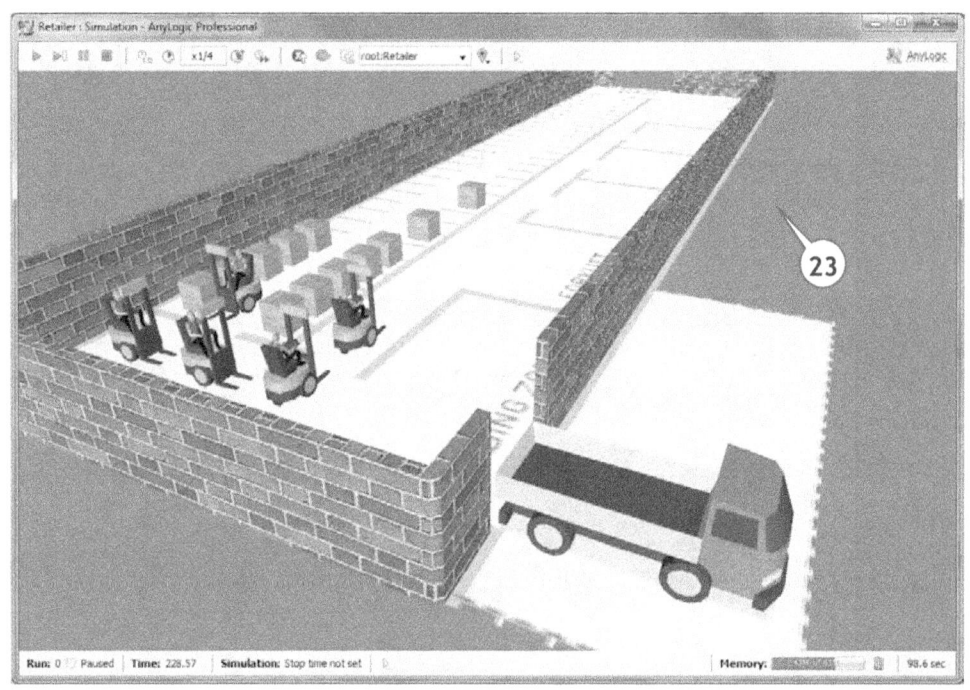

これで倉庫モデルが完成した。今回のモデルは小さな倉庫を再現しているが、モデルの複雑さは倉庫のサイズと直接的には関係がない。モデルの複雑さは選択した抽象度と関連するビジネスプロセスによって決まるのである。

このモデルをより現実的にするために、配送プロセス、回収プロセス、各種エリア設定（荷降エリア、荷受エリア、配置エリア、配送エリア、管理エリア、一時保管エリア）、スタッフ（荷受係、管理係）、異なる種類の乗り物などを追加することも可能である。

Agent-based Modeling
エージェントベースモデル

4. エージェントベースモデル

4.1. エージェントベースモデルとは

エージェントベースモデリング(Agent-based Modeling: ABM)は、システムダイナミクス(SD)や離散事象シミュレーション(DES)と比べて新しい手法である。2002〜2003年頃に実務者がシミュレーションを目的として ABM を使い始めるまで、主に学術的な範疇に属する手法であった。ABM が急速に普及した誘因として以下が挙げられる。

- 伝統的なモデリングのアプローチでは決して把握できない、システムに対するより深い洞察を得ようとするニーズ
- コンピュータ科学によるモデリング技術の進歩（オブジェクト指向のモデリング、UML（Unified Modeling Language）など）
- CPU 電力とメモリーの急速な発達（エージェントベースモデルはシステムダイナミクスや離散事象モデルより多くの CPU を必要とする）

ABM はシステムに対する全く別の視座を提供する。例えば、システム全体の振る舞いや鍵となる変数や変数間の依存性、プロセスの流れについて十分理解できていない場合である。システム内に含まれる個々のオブジェクトの振る舞いについて多少の知見を有していれば、オブジェクト（エージェント）を明らかにし、オブジェクトの振る舞いを定義することでモデルを構築していくことが可能である。エージェント同士を相互作用させる場合もあれば、独自のダイナミクスにより働く環境に置く場合もある。多くの個人が同時に行っている行為の結果の総体として、システム全体の振る舞いが決定するのである。

エージェントベースモデリングには基準となる記述言語はなく、モデルの構造はグラフィカルな編集により行うか、あるいは、スクリプトによる記述が中心となる。エージェントの振る舞いは多くの方法で特定できる。エージ

ェントには状態の概念があり、エージェントの行動や反応はその取りうる状態によって決まる。従って、エージェントの振る舞いは状態遷移図によって記述するのが最も適している。しかし、特別なイベントが発生した場合に実行されるルールに従ってエージェントの振る舞いを決定するような記述の仕方も可能である。

多くの場合、システムダイナミクス、あるいは、離散事象のアプローチでエージェント内部の動的な振る舞いを分析し、ストック・フロー図、又は、プロセス・フロー図で表現すればよい。同様にエージェントを取り巻く環境のダイナミクスは既存の方法で問題なくモデル化できる。エージェントベースモデルの多くが複数の手法を統合的に用いるのはそのためである。

アカデミックな世界では、どのような特性を持ったオブジェクトをエージェントと呼ぶべきかについて未だに議論している。すなわち、エージェントは主体的なのか受動的なのか、空間認知、学習能力、社会生活能力、知性を持ち合わせるべきかという議論である。しかし、エージェントベースモデリングの応用分野では既に様々な種類のエージェントが存在する。相互にコミュニケーションするエージェントもいれば完全に孤立したエージェントもいる。また、空間を有するエージェントもいれば、空間を有しないエージェントもいる。さらには、学習するエージェントもいれば、全く行動パターンを変化させないエージェントもいる。

最後に、エージェントベースモデリングに関してよく誤解される事柄について少し解説しておこう。

- エージェントはセルオートマンとは異なる。従って、人生ゲームのマス目のような離散空間内で必ずしも行動する必要はない。多くのエージェントベースモデルでは空間が存在しない。空間が必要なのは、連続的で、地図や施設のフロア計画を再現するような場合である。
- 必ずしも人がエージェントではない。乗り物、装置、プロジェクト、アイデア、組織、そして、投資案件でさえもエージェントになりうる。機械をアクティブオブジェクトとしてモデル化し、それらの相互作用でスチールを生産する転炉鋼プラントは、エージェントベースモデルである。

- 受動的なオブジェクトでもエージェントになり得る。配水網の各区分をエージェントとしてモデル化した場合、メンテナンス、交換スケジュール、費用、故障などのイベントを関連付けることができる。
- エージェントベースモデルのエージェントは多数存在する場合もあるし、ほとんど存在しない場合もある。エージェントは同じタイプかもしれないし、違うタイプかもしれない。
- 相互に干渉しないエージェントを持つモデルも存在する。例えば、医療経済の分野におけるアルコール使用、肥満、慢性疾患のモデルでは、個人の振る舞いが個人のパラメーターにのみ、あるいは、環境にのみ依存するようなモデルを構築することがある。

4.2. 消費者市場(Market)モデル

新製品の市場浸透を理解するための消費者市場モデルを構築しよう。今回は消費者をエージェント(Agent)として捉え、エージェントベースモデリングによりモデルを構築する。人間の意思決定には通常何らかの確率過程が介在するものであるから、消費者市場のシミュレーションはエージェントベースモデリングの典型的な応用先となる。

今回の消費者市場モデルに関して、前提条件として以下を仮定する。

- ある市場にある製品を使用していない人（潜在的購入者）が5000人存在し、広告や口コミ効果により最終的には購入へと導くことが可能である。

- 潜在的購入者がある製品を購入したいと考えた場合であっても一定期間内に入手できない場合はその製品を購入しない意思決定を行い、潜在的購入者へと戻る。

- 製品は全て一定期間経過後に廃棄されるが、補充品を購入する需要が同時に発生する。

4.3. 広告効果のモデリング

製品の廃棄やエージェント同士の情報交換を考慮しない単純なモデル、すなわち、広告のみによる製品購入モデルを構築する。初期条件として消費者はまだ製品を購入していない状態であり、全ての消費者が潜在的に製品購入に関心を持っている状態であると仮定する。この状態の消費者を潜在的購入者 Potential Users と呼ぶことにする。また、広告は製品需要を喚起する効果があるものとし、広告により製品購入へと行動を移す潜在的購入者の割合は広告効果(Advertizing effectiveness = 0.1) によって決定するものとする。

1. メインメニューより File|New|Model を選択し、新規モデルを作成する。New Model ウィザードが表示される。

2. Model name ボックスに、*Market AB*（AB は Agent Based の省略）と記入し、Next ボタンをクリックする。

3. 今回は AnyLogic モデル構築ウィザードを利用する。Use template to create model を選択し、テンプレートを選択する。

4. AnyLogic は様々な種類のテンプレートを提供している。各テンプレートは特定のモデリング手法で利用することができる。Choose modeling method リストから Agent-based オプションを選択し、Next をクリックする。

5. エージェントとして宣言されたアクティブオブジェクトクラス(Active Object Class)に名前を付ける。Agent class name ボックスに *Consumer* と記入する。

158 AnyLogic 入門

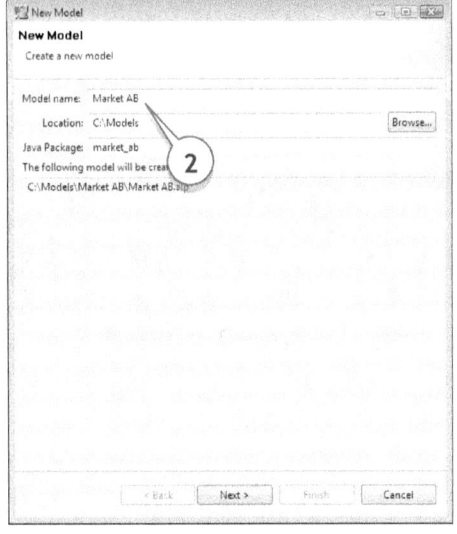
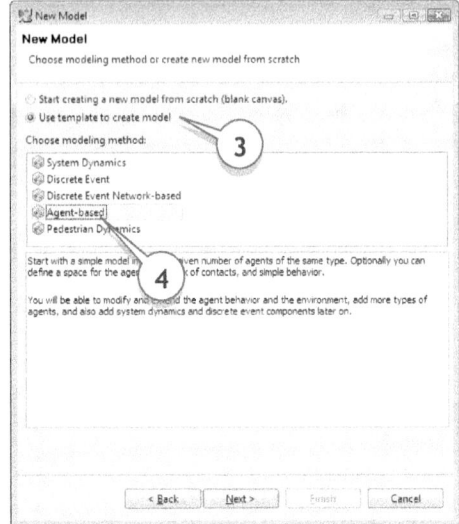
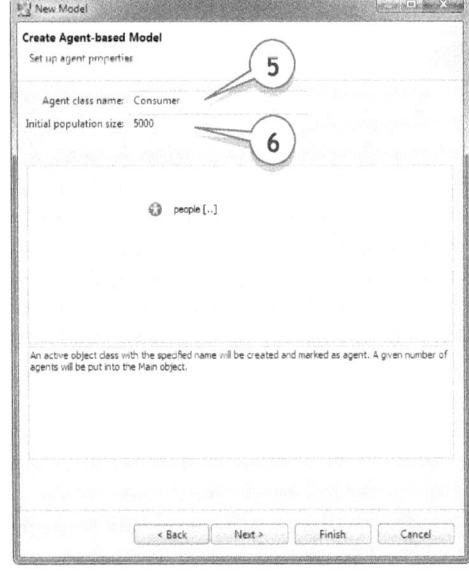
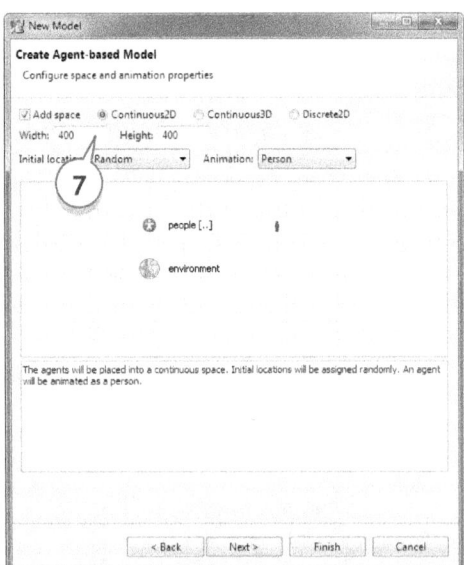

6. Initial population size ボックスに *5000* と記入し、エージェント数を定義する。AnyLogic は *Consumer* クラスとして 5000 人を生成し、それぞれ特定のエージェント（消費者）としてモデル化される。Next をクリックする。

7. エージェントはある特定の環境（Environment）の中で行動する。AnyLogic において環境とは、エージェント集団によって共有される特性を定義する特別な概念である。モデルで環境を定義する必要はない一方、その環境がエージェントに特有な振る舞いを再現可能にする場合もある。

今回は、環境として連続空間を定義し、横幅 Width、及び高さ Height を 400 と設定する。これによりエージェントは 400×400 ピクセルの長方形の中に可視的に表示されることになる。Next をクリックする。ウィザードで残り 2 ページを設定し、モデルの構成（Configuration）を完了する。

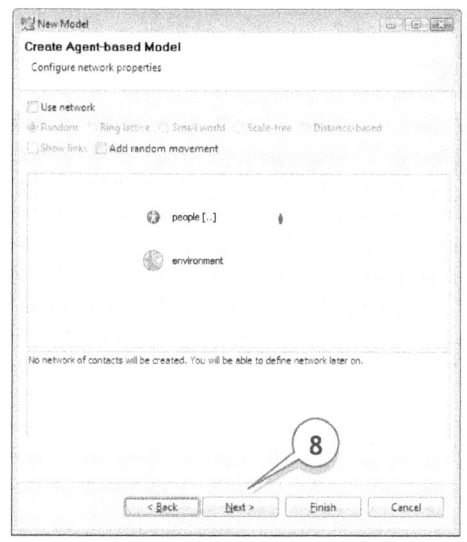
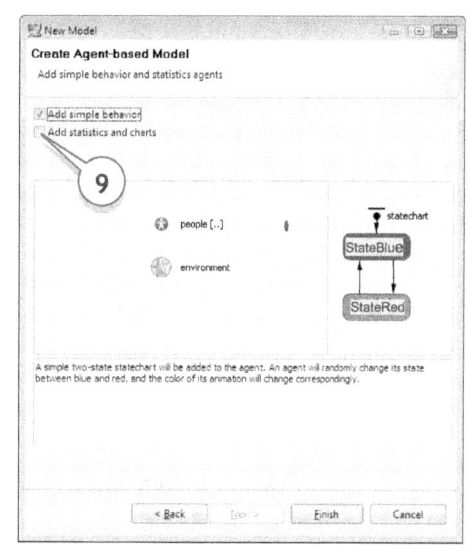

8. 次のページはエージェントのコミュニケーション・ネットワークを定義する。この段階ではエージェントの相互ネットワークを考慮しないため、**Next** をクリックして最後のページに進む。

9. **Add simple behavior** チェックボックスを選択し、エージェントが状態遷移図によって定義された最も単純な振る舞いをするよう設定する。最後に Finish をクリックする。

これが完了すると構築したエージェントベースモデルを確認することができる。モデルには Main と Consumer の 2 つの Active Object Class が含まれている。

- Consumer クラスは、エージェント・クラスとして宣言され、これによりコミュニケーション、空間、レイアウトといった AnyLogic のエージェント用サービスが利用可能になる。このクラスはエージェントの画像とその振る舞いを定義する状態遷移図を含んでいる。

- Main クラスは内部に複製されたオブジェクトである people （Consumer クラス 1 セットを含む）エージェントと Environment を含む。Environment はエージェントの空間、レイアウト、ネットワークおよびコミュニケーションを規定する。今回のモデル構築ではまずエージェントのアイコンを配置し、次にエージェント同士の口コミ作用をモデル化する Environment が必要となる。

📖 アクティブオブジェクト *(active object)*

- active object はモデルの主な構成要素である。処理プロセス、資源、労働者、物体、制御者およびトラックのような、現実世界の対象物をモデル化するために利用できる。

- active object はモデルの論理的構成の一部を再現する。これによって、必要に応じて多くの詳細なレベルにモデルを分解するのである。

AnyLogic 入門   161

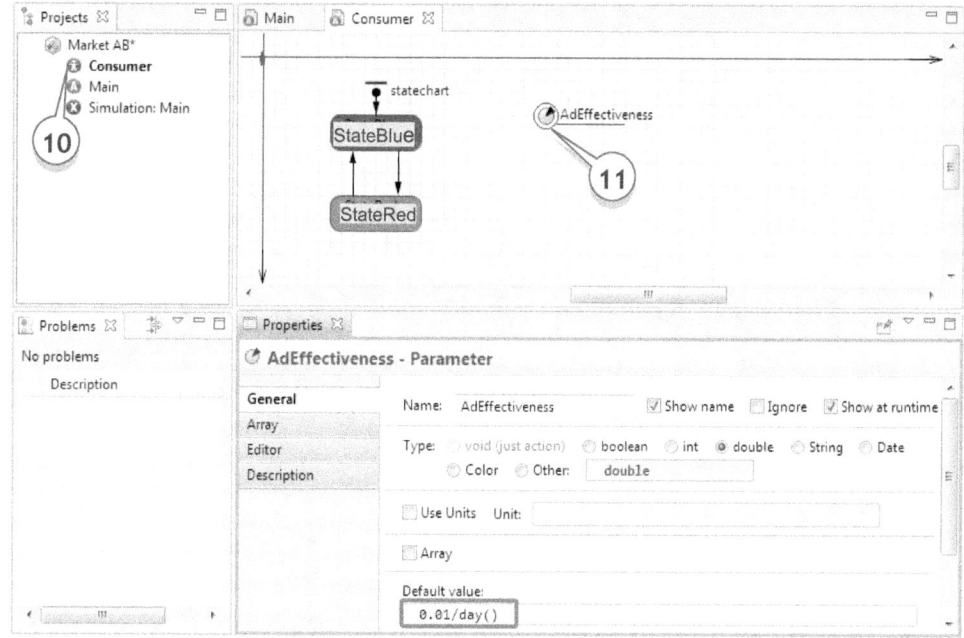

> 消費者の特性と振る舞いの定義から始める。

10. Projects ビューで Consumer をダブルクリックして開く。モデル作成ウィザードによって作られた、2 つの状態（State）を有する状態遷移図が表示される。

11. Parameter を追加し、*AdEffectiveness* と名前を付ける。

    ここではパラメーターに、広告によって製品を買いたくなる購入する可能性のあるユーザーの割合を定義する。購入する可能性のあるユーザーの一日平均 1%が製品を買いたくなると仮定したので、Default value に *0.01/day()* を記入する。

> 消費者の振る舞いを 2 つの連続した状態の遷移として定義する。モデル作成ウィザードで自動的に作成されたステートチャートを変更する。

- *PotentialUser* -製品購入に潜在的に関心を持っている消費者
- *User* - 製品を購入済の消費者

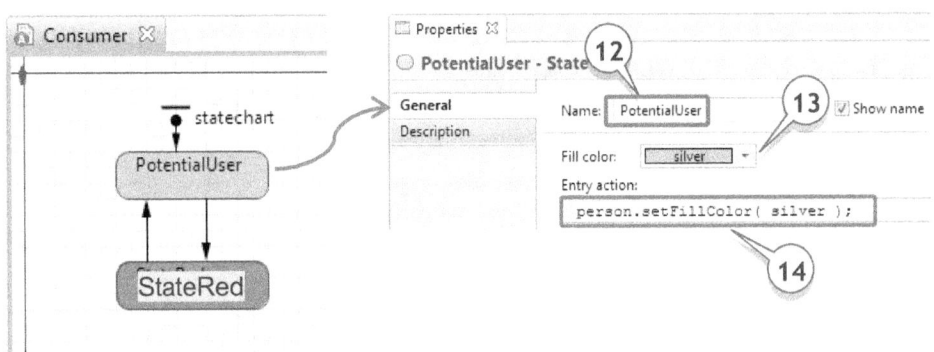

12. 上側の State に *PotentialUser* と名前を付ける。

13. Fill color リストを利用して State の色を Silver に変更する。

14. State の Entry action を *person.setFillColor(silver);* と書き換える。

    このようにして状態の変化を可視化するために消費者のアイコン表現の色を silver に変更する。*person* はモデル作成ウィザードが作成した消費者のアイコンの名前である。

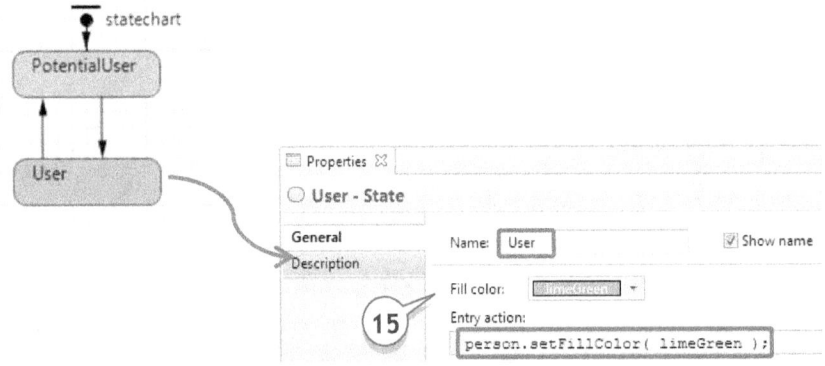

15. 同様に State のプロパティを変更する。

Name：*User*

Entry action： *person.setFillColor(limeGreen);*

16. State の色を変更する。

特定の色を選ぶためには、Fill color リストから Other colors を選択し、Colors ダイアログボックスから色(limeGreen)を選択する。

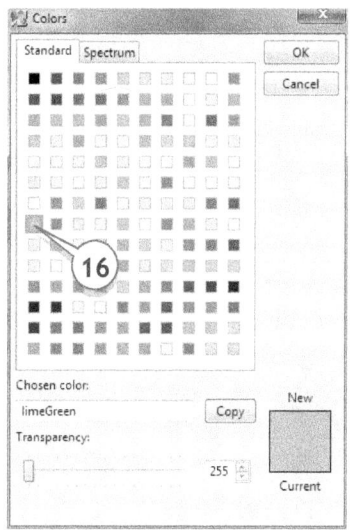

17. *PotentialUser* から *User* への遷移(Transition)は、広告効果によって消費者が製品を購入する様子を再現する。この Transition に *Ad* と名前を付け、Triggered by を Rate、Rate を *AdEffectiveness* と設定する。

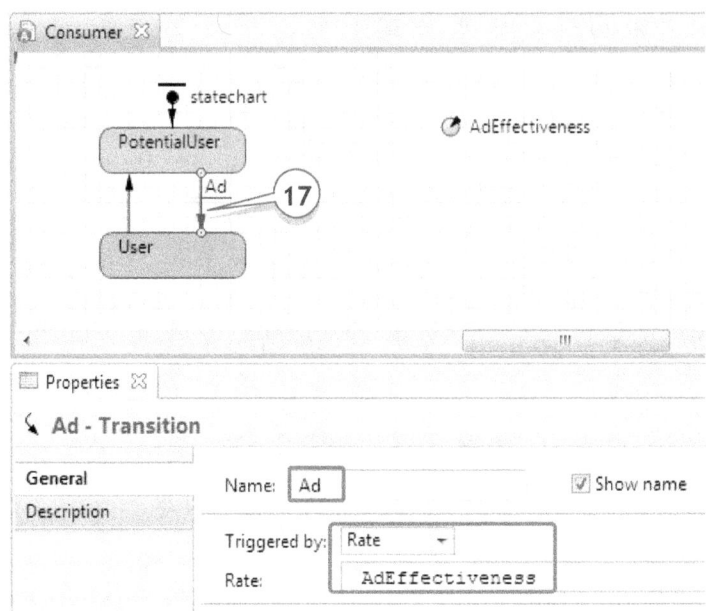

割合(Rate)型の遷移は、指数分布による確率的処理が引き金となって起こる。状態遷移図が PotentialUser から始まると、指数分布による抽選が行われ、処理が決定される。その結果、PotentialUser が広告効果により購入する割合は1日平均1%であるものの、個々の購入までにかかる時間は異なる。

18. モデルのこの段階では、消費者は製品を一旦購入したら廃棄しないものと仮定しているので、 User から PotentialUser への Transition を削除する。

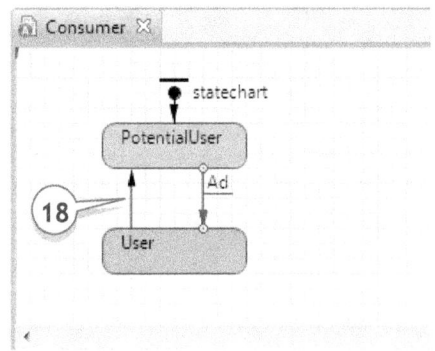

19. Main を開き、複製されたオブジェクトの名前を *people* から *consumers* に変更する。

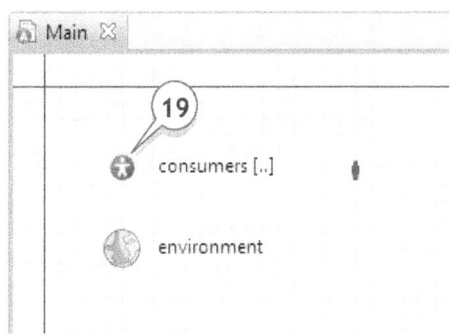

20. モデルを実行し、シミュレーション速度を 10 倍に設定する。全消費者が製品を購入するまで徐々に緑に変わる様子が確認できる（広告効果）。

エージェントが広告効果により製品を購入すると、**State** は *User* になり、**Entry action** が実行される。このアクションはエージェントのアイコンの色を limeGreen に変更する。そのため、人々が製品を購入すればするほど画面は徐々に緑色に変化する。

166 AnyLogic 入門

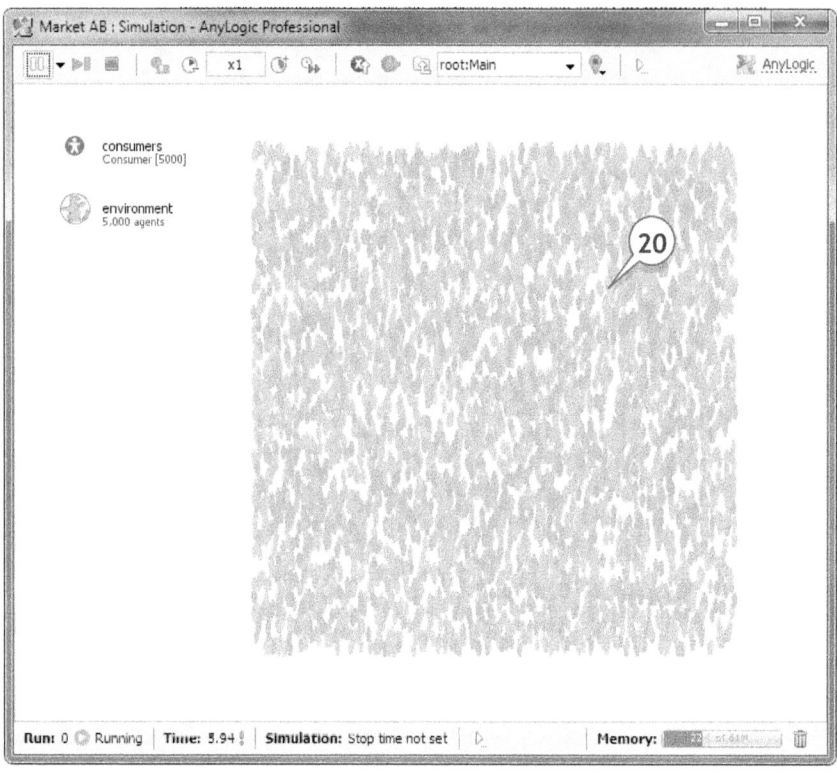

4.4. モデル出力を視覚化

> ある瞬間に何名の消費者が製品を購入したかを把握したい。これを念頭に、製品のユーザー(User)および購入する可能性のあるユーザー(PotentialUser)を数える関数を定義し、時系列で動的に変化する図を追加する。

1. 最初に、購入する可能性のあるユーザーを数える関数を定義する。エージェント上に統計を収集する新しい関数を追加する。**Main**（アクティブオブジェクトクラス）のダイアグラムを開き、*consumers* オブジェクトを選択し、**Properties** ビューで **Statistics** タブを表示する。

2. **Add statistics** ボタンをクリックする。

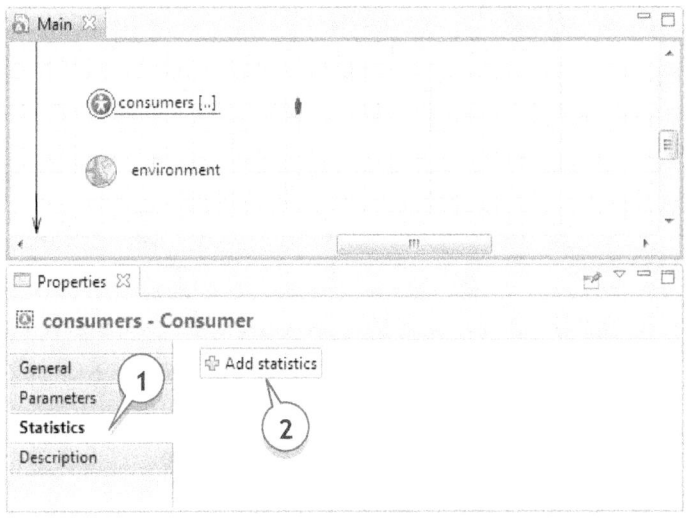

> *PotentialUser* 状態が何人なのか、繰り返し数える必要がある。

3. 名前が *NPotential* で Type が Count の関数を定義する。Count 型の統計は標本数を繰り返し調査し、どれだけのエージェントが与えられた条件を満たすかを計算する。

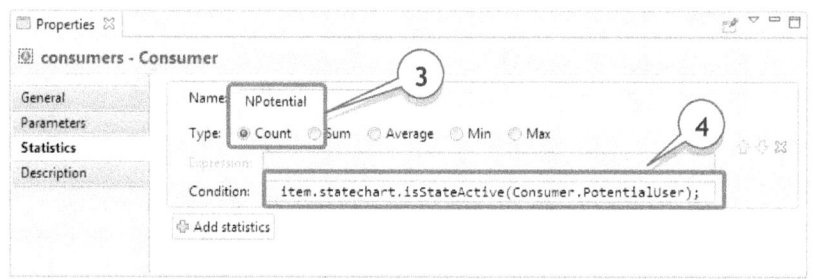

4. Condition に *item.statechart.isStateActive(Consumer.PotentialUser);* と記入する。*item* は反復ループ中でチェックされるエージェントを表わす。*statechart* は *Consumer* に関する状態遷移図の名前である。*isStateActive()*は指定された状態が有効かどうかチェックする標準的方法である。また、*PotentialUser* はエージェントに定義された State の名前である。（直前にクラス名の *Consumer* を記載している）

5. 製品利用者の数を計算するもう 1 つの統計関数を定義する。

   Name：*NUser*

   Type：Count

   Condition：*item.statechart.isStateActive(Consumer.User);*

   （*NPotential* から Condition をコピーし、変更することも可能）

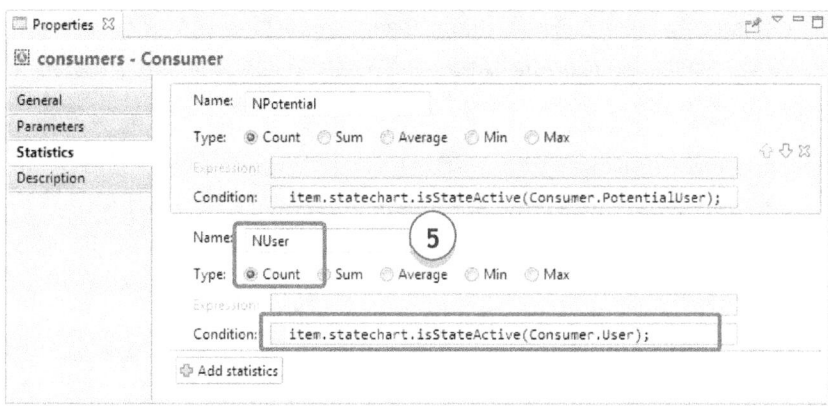

6. Main ダイアグラムで、*consumers* の画像（*Consumer* のアイコン画像）を座標(300,200)へ移動する。

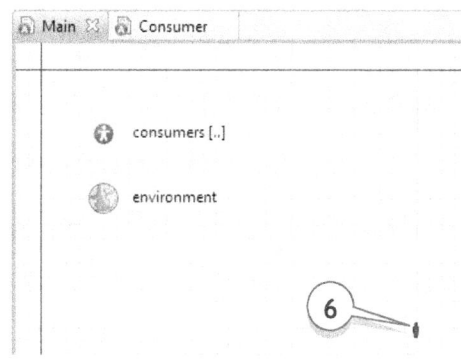

7. Analysis パレットの Time Stack Chart を Main ダイアグラム上へドラッグする。User と PotentialUser の時系列の変化をこの図で可視化する。

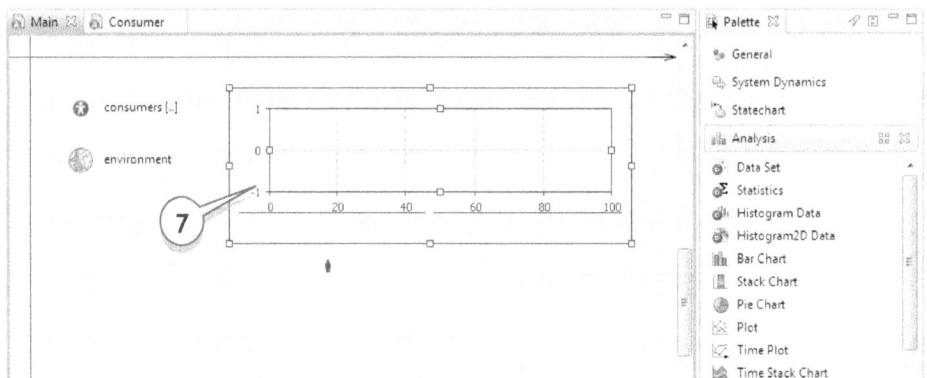

モデルの中に 2 つのアクティブオブジェクトクラスがあるとする。複数のクラスのダイアグラムを開いてモデル構築作業をする場合、現在どのクラスを編集しているのかを確認する必要がある。AnyLogic の機能では、グラフィカル・エディタにおいては現在開かれているクラスのタブが選択表示され、Projects ツリーでは強調して表示される。

 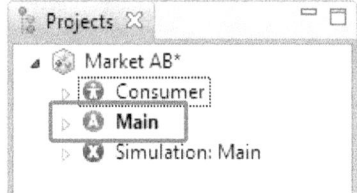

8. 図に表示する 2 つのデータ項目を追加する。前のステップで consumers オブジェクトとして定義した、統計関数 NUser と NPotential を呼び出す。

- *consumers.NUser()* は Title：*Users*、Color：limeGreen（Other colors...を選択し、ポップアップ表示された Color ウィンドウで選択）
- *consumers.NPotential()* は Title：*Potential users*、Color：silver

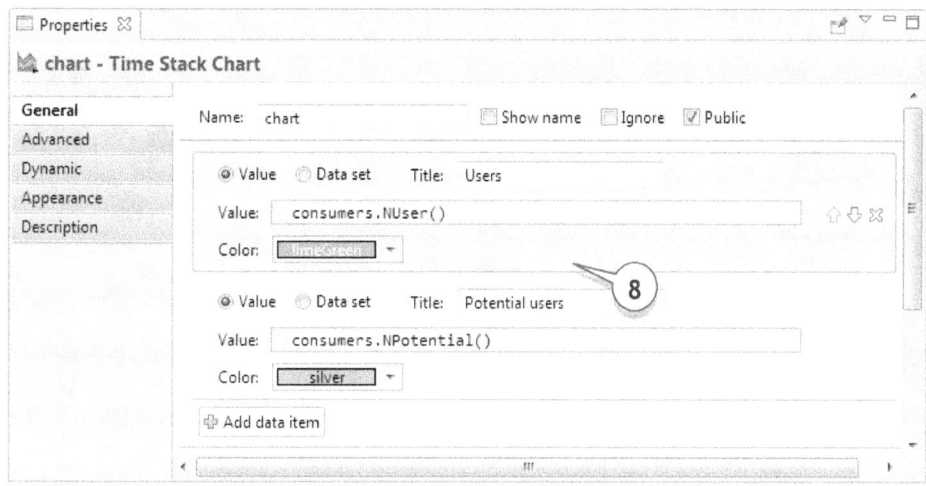

9. Time window : *365 * day()*
   Vertical scale : Fixed   to : *5000*
   Recurrence time : *day()*
   Display up to : *365*

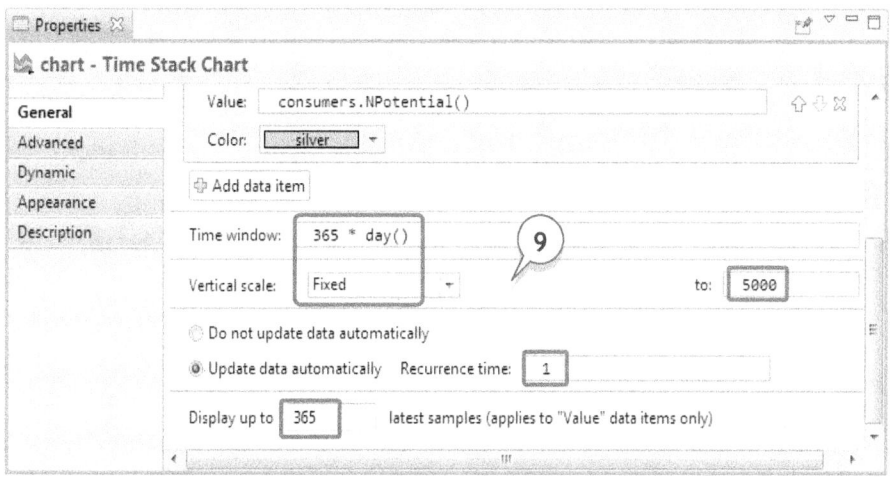

10. Time Stack Chart の Properties ビューから、Appearance タブを開き、Time axis として Model date(date only)を選択する。

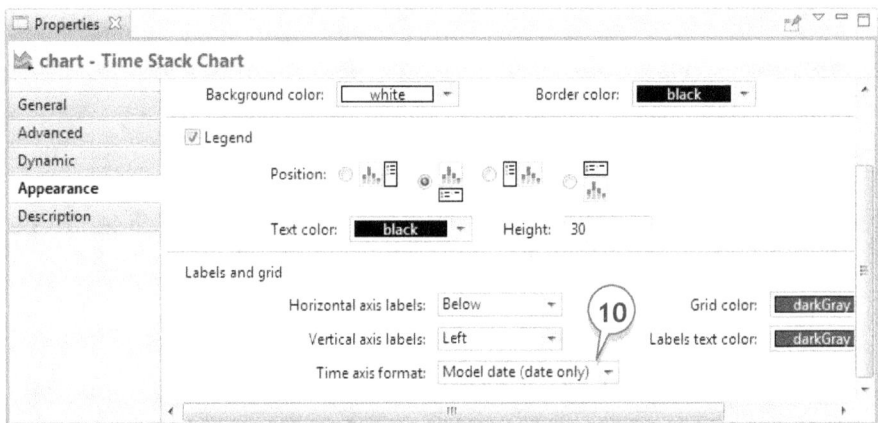

11. Projects ツリーの *Market AB* を選択し、Properties ビューを開く。

12. Time units として days を選択する。

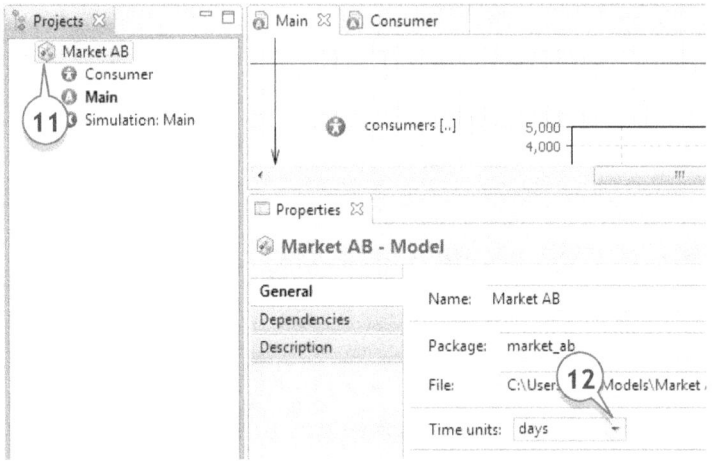

13. モデルを実行する。Time Stack Chart を利用して時系列での変化の様子を分析することができる。

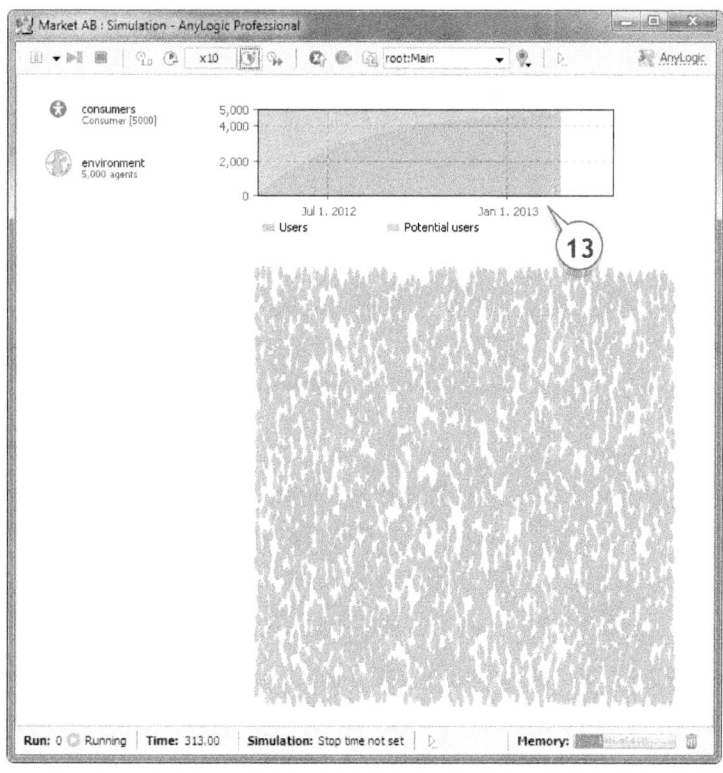

4.5. 口コミ効果のモデリング

このフェーズでは、製品購入に関して既存ユーザーが潜在的購入者を説得するプロセスをモデル化する。これを口コミ効果と呼ぶ。

- 消費者を互いに接触させる。平均して1日当たり1人と接触すると仮定する。
- 消費者同士の接触により、製品の既存ユーザーは潜在的購入者に影響を及ぼす可能性を持つ。影響を受けて製品の購入に至る可能性を1%と定義する。(AdoptionFraction = 0.01)

1. *Consumer* ダイアグラムを開き Parameter(Name：*ContactRate*)を追加する。これで1日当たりの平均接触人数を定義する。Default value：*1/day()*

2. Parameter(Name：*AdoptionFraction*)を追加する。これで他人への影響力（接触した結果製品の購入へと至る人々の割合）を定義する。Default value：*0.01*

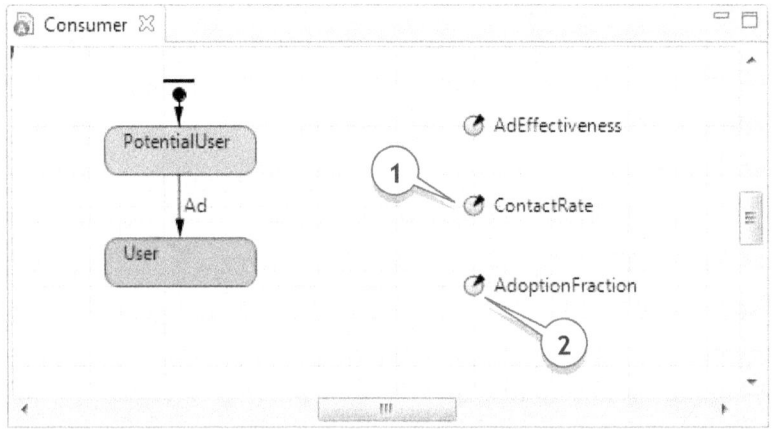

AnyLogic 入門 175

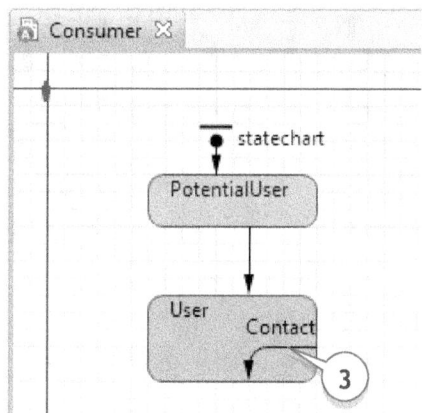

3. State *User* の内部に Transition を描き入れる。内部遷移と外部遷移は作用が異なる。ここでの Transition は内部遷移である。

4. Transition のプロパティを変更。遷移は *ContactRate*AdoptionFraction* の割合(Rate)で発生すると設定する。

5. この Transition が発生したときの Action として *send("Buy it!", RANDOM);* と記入する。

> 製品の既存ユーザーが購入する可能性のあるユーザーに対して説得を行う状況を想定し、State User に循環遷移を設定する。遷移が発生するごとに、エージェントは製品に関してもう一人の任意のエージェントのもとへメッセージを送る。メッセージを受理するエージェントが購入する可能性のあるユーザー(PotentialUser)であるならば、State は User に変わる。PotentialUser から User までメッセージが引き金となって起こる遷移をモデル化する。
>
> 遷移アクションで、エージェントはもう一人の任意のエージェントを選び（PotentialUser であるとは限らない）、テキストメッセージ"Buy it!"を送信する。これはコード send("Buy it!", RANDOM); で実行される。
>
> 完璧な状況では全ての接触が販売に結びつくと考えられ、その場合遷移率は ContactRate と一致する。しかしながら、接触しても潜在的購入者を説得しきれないのが現実である。そこで、接触率(ContactRate)に成功率(AdoptionFraction = 0.01)を掛け合わせてモデル化する。

内部遷移

- 内部遷移は一連の状態の境界内に位置する循環的遷移である。遷移の始点および終点は状態の境界上にある。

- 内部遷移が状態の境界を出ないので、状態遷移図においても状態は変化しない。遷移が発生しても Exit action も Entry action も実行されない。

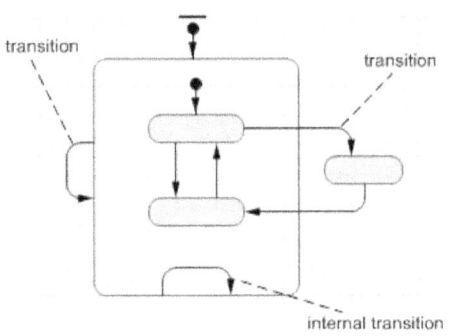

エージェントが定期的にメッセージ"Buy it!"を送り、他のエージェントに連絡を取るように設定する。このメッセージに対して反応する Transition を追加する。

6. PotentialUser から User に別の Transition を描き入れ、WOM と名前を付ける。この Transition は口コミ効果によって発生する購入をモデル化している。

AnyLogic 入門   **177**

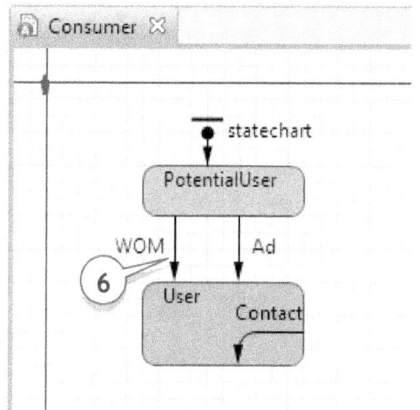

7. Properties ビューの General タブで、下記を設定する。

   - Triggered by：Massage
   - Message type：String
   - Fire transition：If message equals "Buy it!"

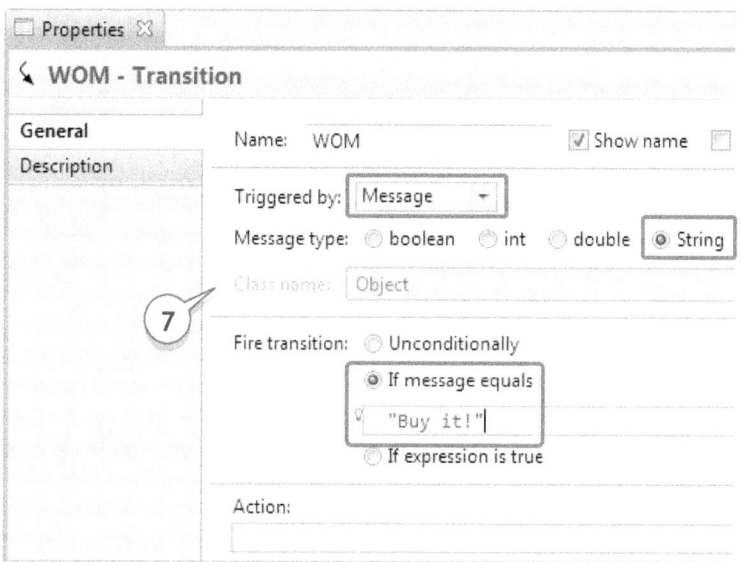

> これは口コミ効果のモデル化における最終ステップである。AnyLogic の機能によりエージェントから状態遷移図へメッセージを転送する。状態遷移図における状態が PotentialUser なら即座に User へ遷移する。他の状態では、メッセージは無視される。

8. モデルを実行する。市場浸透が今までより速く発生するのを確認できる。図は有名な S 字カーブの製品採用曲線を見せる。

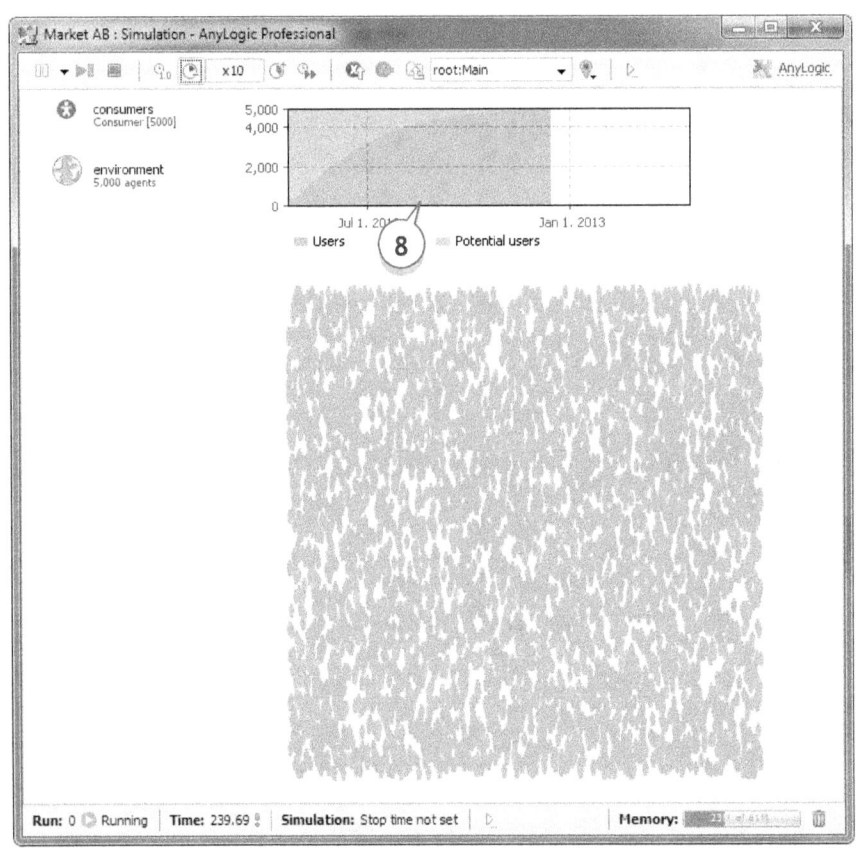

4.6. 製品廃棄のモデリング

製品の廃棄をモデル化しよう。本モデルでは、製品の平均耐用年数は1年と仮定し、さらに、ユーザーが製品を廃棄、もしくは使用期限が経過して、再購入する可能性のあるユーザー(PotentialUser)に遷移すると仮定して、同じ製品を反復して購入する消費者行動をモデル化する。

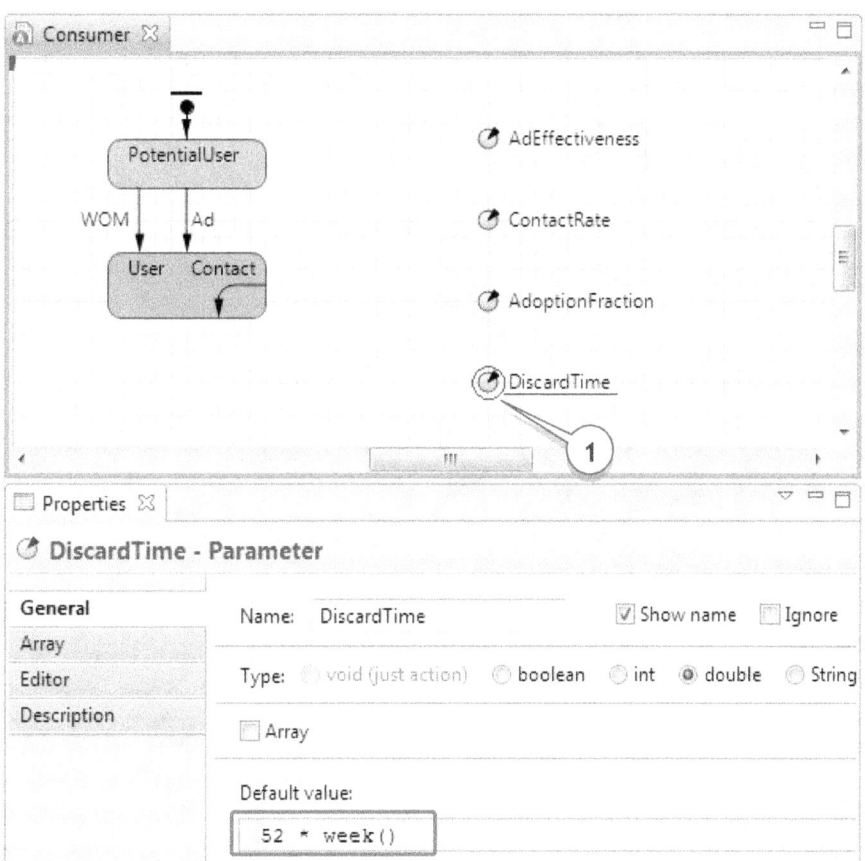

1. Consumer ダイアグラムを開き、Parameter(Name：*DiscardTime*)を追加する。このパラメーターは製品の使用期限を定義する。製品の使用期限を1年と仮定する。Default value：*52 * week()*

2. *User* から *PotentialUser* に Transition を描き入れ、*Discard* と名前を付ける。この Transition は製品廃棄をモデル化する。

3. Transition を一定の時間が引き金となって起きると設定する。Transition Contact は内部遷移であり、タイムアウトをリセットしないことに注意する。これは製品廃棄のモデル化における最終ステップである。どんな製品も指定された使用期限の中で廃棄し、交換製品を購入する。

Triggered by : Timeout

Timeout : *DiscardTime*

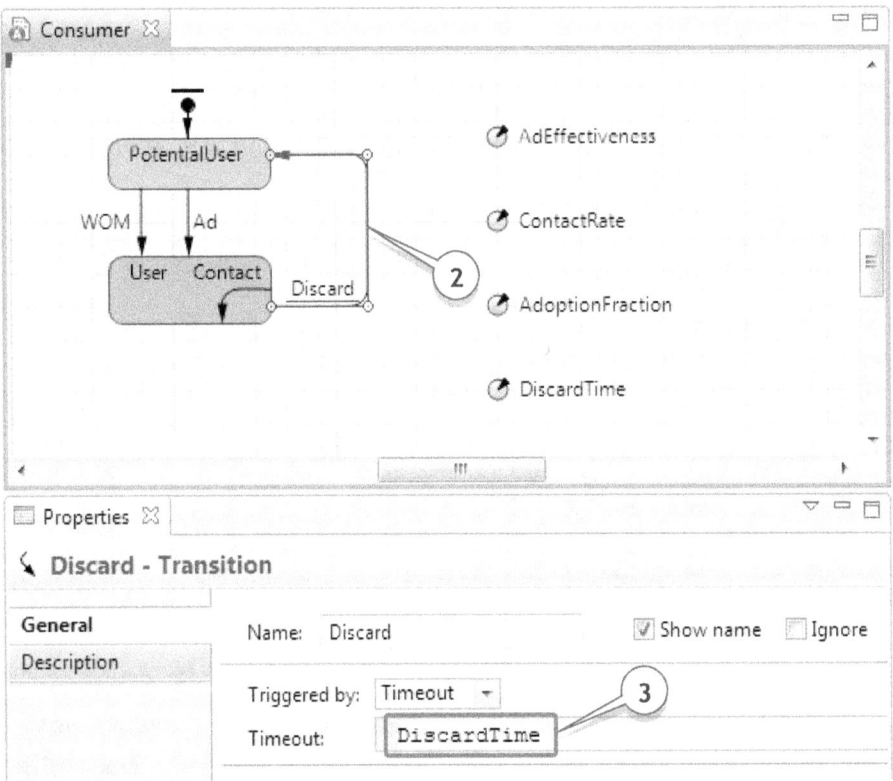

4. モデルを実行し、廃棄が製品採用にどのように影響するか確認する。製品により市場が飽和（全消費者が製品を採用）した後でも、一時的な市場断絶が起こり得ることを確認できる。

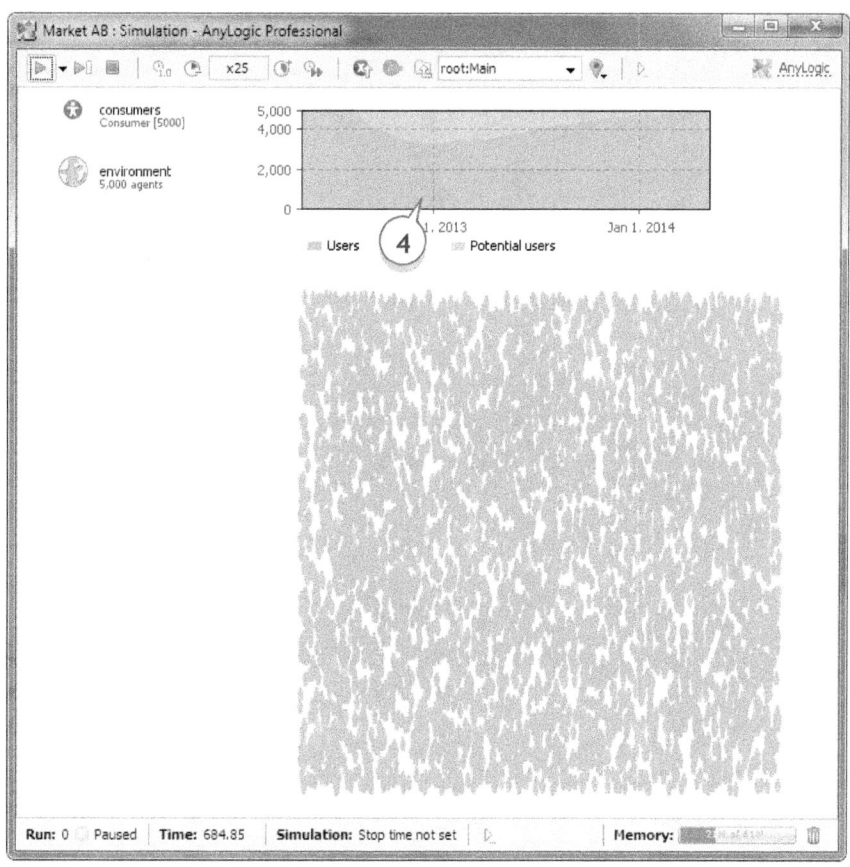

System Dynamics Modeling
システムダイナミクスモデル

5. システムダイナミクスモデル

5.1. システムダイナミクスとは

　システムダイナミクス(System Dynamics：SD)は、1950年代に米国マサチューセッツ工科大学(Massachusetts Institute of Technology)のジェイ・フォレスター(Jay Forrester)博士により開発された技法である。彼は科学と工学の知識を生かし、経済や社会システムの動的特性を表現し、分析するために、物理学の法則、特に電気回路に関する法則を利用することを発見する。その後、SDは都市問題や生態系に関する問題解決に応用され、発展していく。

　SDは、多くの場合、長期的、戦略的なモデル構築の場面で用いられ、モデルの対象を高いレベルで総合的に捉えて、人々や製品、出来事、その他の離散アイテムを定量的に表現するのに適している。動的なシステムを分析する包括的方法論として、以下の特長を有する。

- システムの振る舞いを決定するシステムの構造をモデル化する。
- システム内のフィードバックループ（因果関係の循環）がバランス型か自己強化型かを見極める。フィードバックループこそがシステムダイナミクスの要である。
- フィードバックループに影響を与えるストック（蓄積）とフローを特定する。

　ストック(Stock)は蓄積(Accumulation)であり、システムの状態を表す。ストックはシステムの記憶であり、不均衡(Disequilibrium)や遅れ(Delay)の源となる。モデルは総体としてのみ機能する。すなわち、ストック内に蓄積されたアイテムは区別できないものとして扱う。フロー(Flow)はシステムの状態が変化する際の変化率である。

　ストックとフローとの違いを区別するのが難しい場合、計測の仕方で見分けると良い。ストックは、人々、在庫、貨幣、知識のように、一般的に数量

で表現できるものである。一方のフロー(Flow)は、1カ月あたりの顧客、一年あたりのドルなど、一定の時間あたりの数量で表すものとなる。

　本章の目的は、システムダイナミクスの理論やアプローチ自体を教えることではなく、AnyLogicを用いてモデルを構築する方法を学習することである。システムダイナミクスのアプローチについて学習したい場合は、John Sterman博士の著書"Business Dynamics: Systems Thinking and Modeling for a Complex World"（邦題：「システム思考―複雑な問題の解決法」）を読むことをお薦めする。[2]

---

[2] 訳者注：同書の日本語翻訳版はモデル構築に必要な理論と計算式を削除しているため、読者には直接原著、もしくは、訳者著書「経営工学のためのシステムズアプローチ」（講談社）を読むことをお勧めする。

5.2. 感染症(SEIR)モデル 構築

　本章では、集団の中で感染症が広がっていく様子を再現することを目的としたシステムダイナミクス(System Dynamics)モデルを構築する。モデル構築の前提条件を以下のとおり仮定する。

- 対象地域の人口は 10,000 人であり(*TotalPopulation* = 10,000)、最初に 1 人だけが感染しており、その他の人々は非感染者である。
- 感染段階において対象地域の人々は、1 日につき平均 1.25 人と接触する(*ContactRateInfectious* = 1.25)。
- 感染者が非感染者と接触した場合、非感染者が実際に感染する確率は 60%である(*Infectivity* = 0.6)。
- 感染すると潜伏期間が 10 日間続く(*AverageIncubationTime* = 10)。本モデルではこの状態を Exposed と表現する。
- 潜伏期間終了後の平均的な疾病継続期間は 15 日とする(*AverageIllnessDuration* = 15)。
- 回復した人はこの感染症に対して免疫を持つ。

5.3. ストック・フロー図の作成

1. メインメニューより File|New|Model を選択し、新規モデル(Model name：*SEIR*)を作成する。

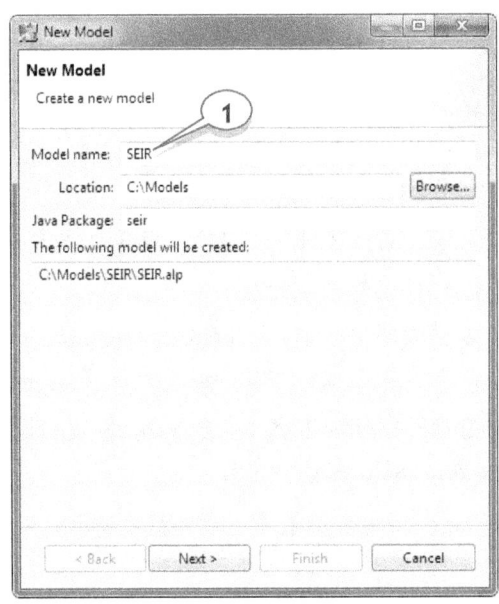

2. Next ボタンをクリックし、次のページで Finish ボタンをクリックする。モデル・テンプレートは使用しない。

次に、ストック(Stock)とフロー(Flow)を描き入れる。感染症の進行を単純にモデル化するために人口の多様性を減らすことを考えよう。本モデルでは4種類に分類してモデルを設計する。

- *Susceptible* - ウィルスによって感染していない人々

- *Exposed* – 既に感染しているが、他の人を感染させることができない人々（※感染症の潜伏期間を再現）

- *Infectious* – 既に感染し、他の人を感染させることができる人々

- *Recovered* - ウィルスから回復した人々

なお、SEIR は上記 4 つの段階を表わす頭文字である。各段階にストックを 1 つ配置する。

3. System Dynamics パレットから Stock を 4 つ Main 上へドラッグし、それぞれ名前を付ける(*Susceptible, Exposed, Infectious, Recovered*)。

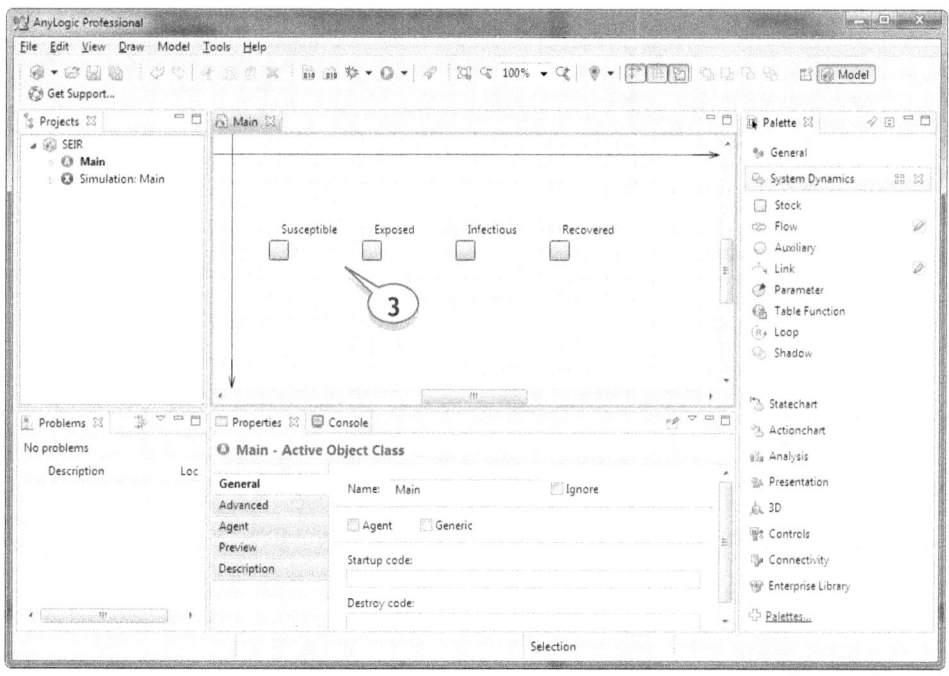

📖 ストックとフロー

システムダイナミクスにおいて、ストック（レベル、蓄積、状態変数）は現実世界の資源、知識、人々、金銭などを表す。フローは変化率（ストックの値の変化）を定義する。ストックとフローの例を以下に示す。

ストック	流入	流出
人口	出生、転入	死亡、転出
燃料タンク	燃料補給	燃料消費

フローには、ストックからの流出を再現するアウトフローとストックへの流入を再現するインフローの2種類が存在する。下の図において、左側のストック（**Potential Adopters**）から出ているフローがアウトフローで、右側のストック（**Adopters**）に接続されているフローがインフローである。これら2つは同一のフロー（**Adoption Rate**）である。

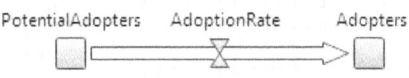

何もない所からストックへのフローの流入が発生することは有り得ない。従って、フローの出発点に起源(source)を表すクラウド(Cloud)を配置する。

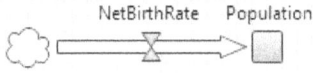

その反対に、何もない所へフローが流出することも考えにくい。従って、シンク("sink")を表すクラウド(Cloud)をフローの終点に配置する。フローの矢印はそのフローの流れの方向を示す。

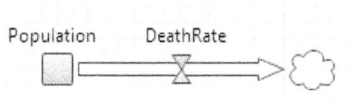

今回のモデルでは、非感染者は感染症ウィルスに晒されることで感染者となり、やがて回復する。人々をストックからストックへと遷移させるのに3つのフローを利用する。

4. *Susceptible* から *Exposed* へ最初のフロー(Flow)を描き入れる。Flowの流出元となる Stock (*Susceptible*)をダブルクリックし、その状態で流入する Stock (*Exposed*)をクリックする。（System Dynamics パレットの Flow を利用しても同等の作業が可）

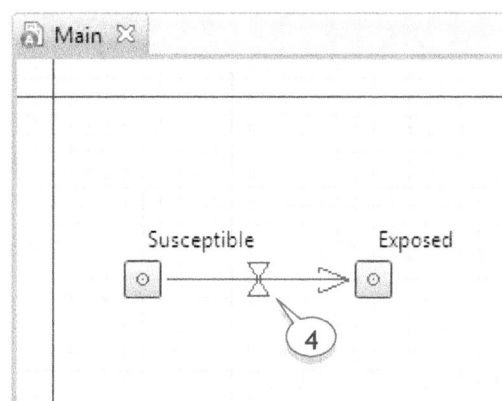

5. Flowに名前を付ける(Name：*ExposedRate*)。

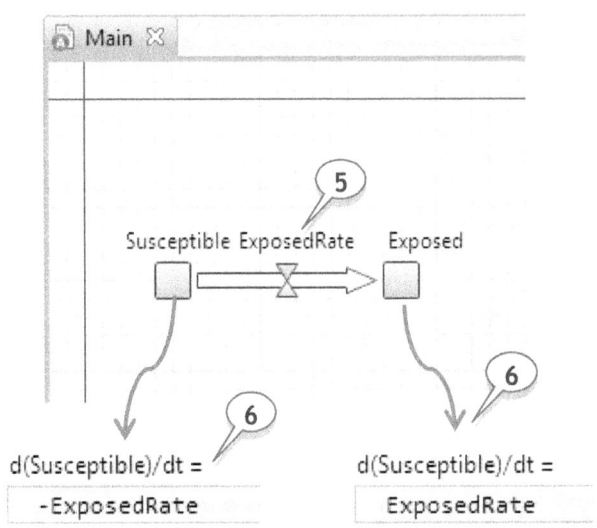

6. Stock(*Susceptible*, *Exposed*)の数式を確認する。Flow(*ExposedRate*)が*Susceptible*の値を減少し、*Exposed*の値を増加するので、数式は上図のように同じでなければいけない。AnyLogicは上記４．の操作でFlowを追加した際にこれらの数式を自動生成してくれる。

📖 ストックの数式

　AnyLogicは構築したストック・フロー図に従ってストックに関する数式を自動生成してくれる。ストックの値は、ストックからのインフロー、及びアウトフローに従って計算される。原則として、インフローはストックの値を増加させ、アウトフローはストックの値を減少させる。

7. *Exposed* から *Infectious* へ Flow を追加する(Name : *InfectiousRate*)

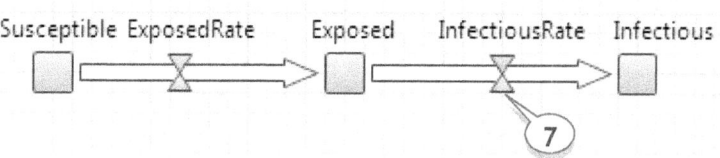

8. *Infectious* から *Recovered* へ Flow を追加する(Name : *RecoveryRate*)

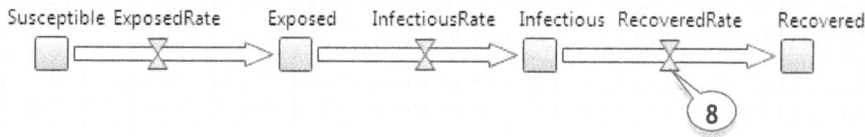

9. Flow の名前表記を下図のように下側に移動させる。これをするためには、Flow を選択し、記載された名前（アンダーラインが表示される）をドラッグして動かす。

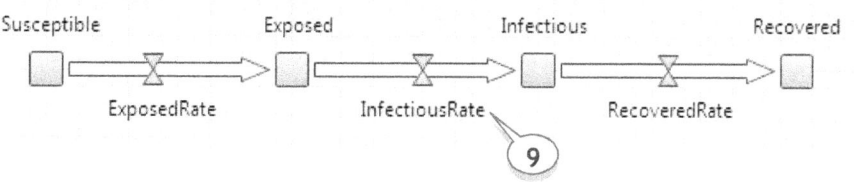

10. パラメーターと依存関係を定義する。5 つの Parameter を追加し、Name と Default value を下記のように定義する。

- *TotalPopulation* = 10 000

- *Infectivity* = 0.6
- *ContactRateInfectious* = 1.25
- *AverageIncubationTime* = 10
- *AverageIllnessDuration* = 15

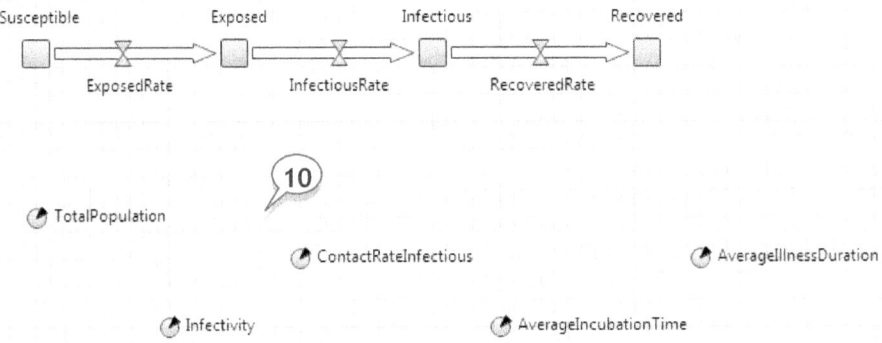

11. Stock (*Infectious*)の Initial value を *1* と指定し、初期の感染者の数を定義する。

12. Stock (*Susceptible*)の Initial value を定義する：*TotalPopulation - 1*

    Ctrl+Space (Mac OS: Alt+space)を押し、コード入力の補助リストから
    パラメーターの名前を選んでもよい。

式の左に赤いサインが表示される。その理由は、ストック・フロー図の 2
つの要素に依存関係（*Susceptible* の Initial value は *TotalPopulation* に依存
する）を定義しているにもかかわらず、その依存関係がダイアグラム上に図
示されていないことが原因である。

📖 依存関係

ストック・フロー図には 2 種類の依存関係が存在する。AnyLogic では、
Link を使用してストック・フロー図の要素間の依存関係を記述する。Flow
や Auxiliary の数式で参照する要素（Stock,Flow,Auxiliary,Parameter）との依
存関係は実線で記述する。

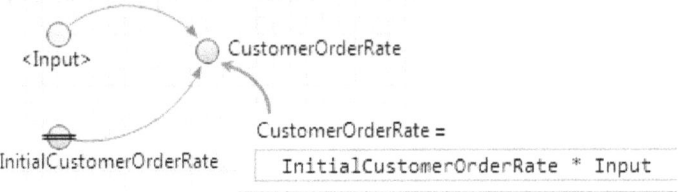

　一方、Stock の初期値(Initial value)として参照する要素との依存関係は、点線で記述する。具体的には、要素 B の初期値（Initial value）として要素 A を参照する場合、最初に要素 A から要素 B への Link を接続し、次に要素 B のプロパティに数式を記述する。

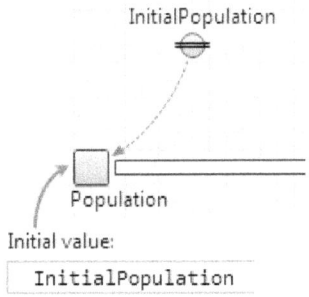

13. *TotalPopulation* から *Susceptible* に Link を接続する。

　System Dynamics パレットで Link をダブルクリックする。次に、*TotalPopulation* をクリックし、最後に *Susceptible* をクリックする。Link の終点に小さな円が表示されていることを確認する。

AnyLogic 入門　**197**

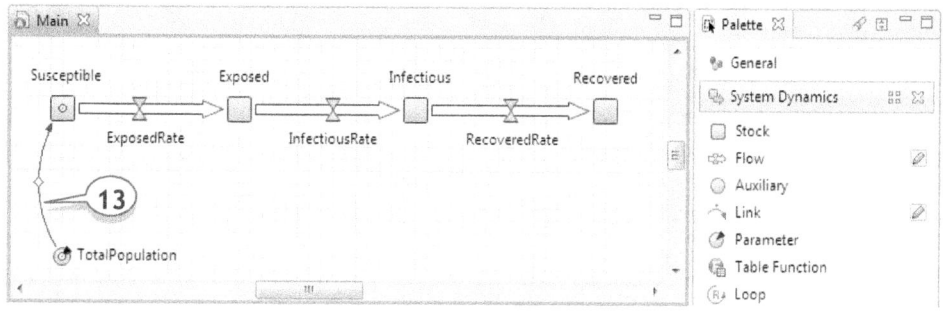

14. Flow (*ExposedRate*)の数式を定義する。

Flow (*ExposedRate*)をクリックし、コード入力の補助を利用して、次の数式を定義する。

Infectious*ContactRateInfectious*Infectivity*Susceptible/TotalPopulation

15. 数式領域をクリックすると、数式の左にエラー・インジケータが表示される。

　記載された変数およびパラメーターからこのフローに対して依存関係を描き入れる必要がある。手動で関係を描き入れることが面倒な場合は、AnyLogicの関係自動生成機能を利用して、関係を追加する方法がある。

16. エラー・インジケータをクリックする。AnyLogicは問題箇所と解決策のリストを表示してくれる。

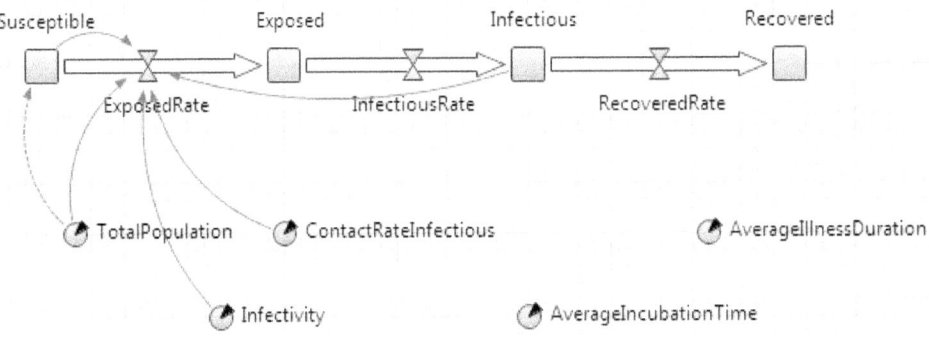

17. リストの項目を一つずつ選択し、まだ接続されていない依存関係のリンクをすべて作成する。完了するとストック・フロー図が確認できる。

18. *InfectiousRate* に数式を定義する：*Exposed/AverageIncubationTime*

19. *RecoveryRate* に数式を定義する：*Infectious/AverageIllnessDuration*

20. 依存関係を全て記述し、下図のとおりモデルを完成させる。

AnyLogic 入門　**199**

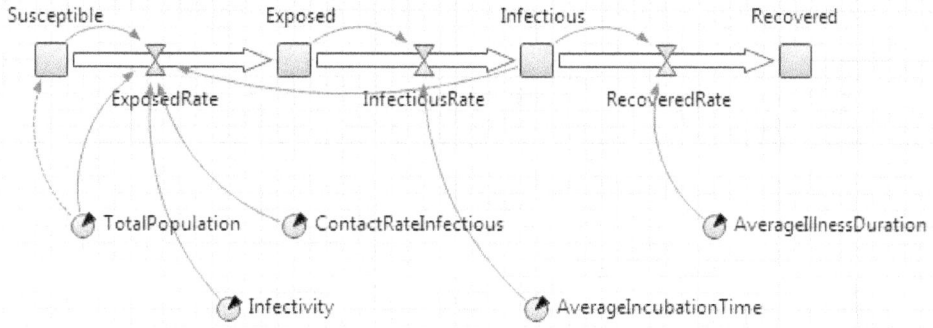

21. 依存関係(Link)の外観を調節する。下図と一致させるためには Link の屈曲角度を変更するとよい。Link の屈曲角度を調節するためには、Link を選択し、Link の中央のハンドルをドラッグしながら動かす。

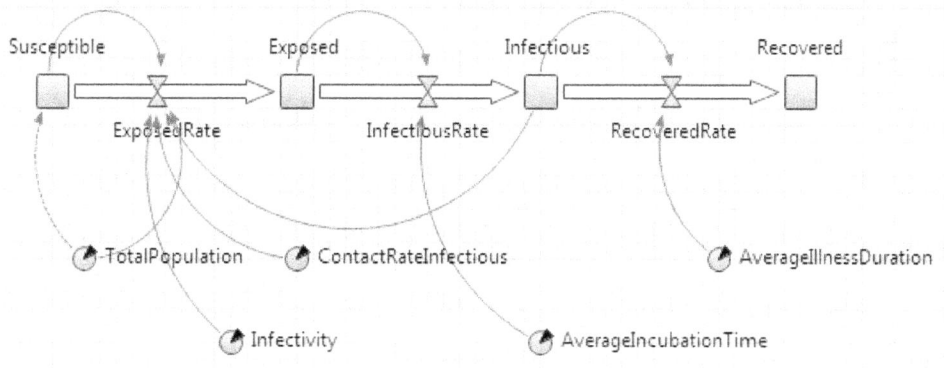

22. モデルを実行し、システムの振る舞いを観察する。変数をクリックするとインスペクション・ウィンドウ(inspection window)が開く。ウィンドウのサイズ変更するためには、右下をドラッグしながら動かせばよい。

23. インスペクション・ウィンドウ(inspection window)をプロット・モードに切り替えるためには、ウィンドウのツールバーにある左端のアイコンをクリックする。

24. モデル実行速度を増加させることで、シミュレーション結果をより早く得ることができる。

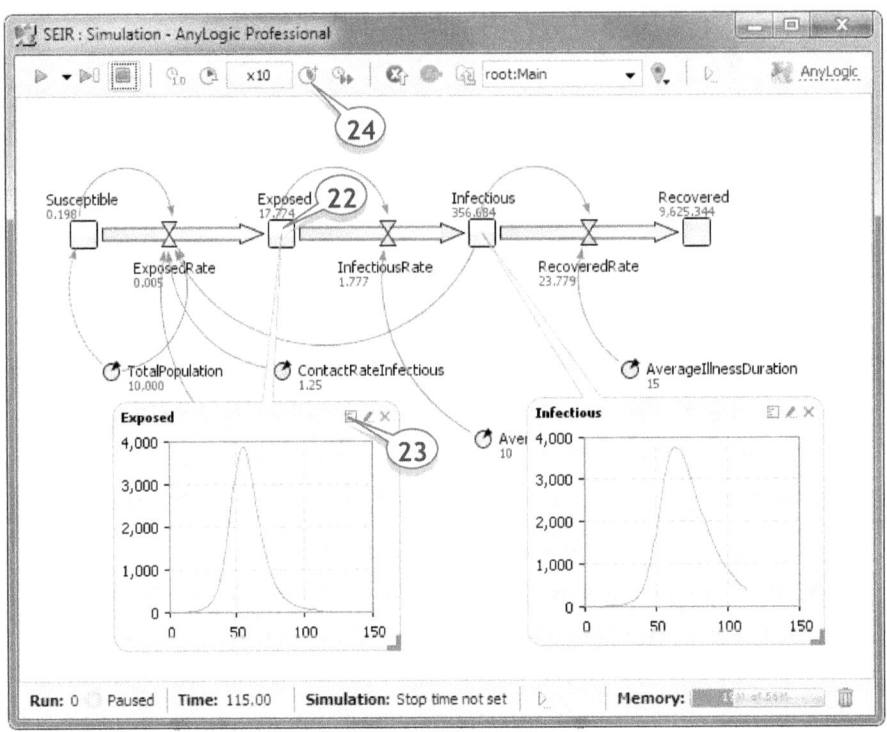

5.4. システムの振舞いの可視化

📖 フィードバックループ

　システムダイナミクスは、システム内の因果関係を分析する手法であり、自己強化型とバランス型の2種類の因果ループで構成される。

　因果ループが自己強化型なのか、あるいは、バランス型なのかを見極める方法(Wikipedia 参照) としては、ある変数 N が増加するという仮定をおいた上で、他の変数に対するその影響を連続的に考えていく方法がある。

- 因果ループ内を全て検討した結果、最初の仮定と同じ結果を得ればそれは自己強化型の因果ループである
- 逆に、結果が最初の仮定と矛盾するならバランス型の因果ループである

　その他の見極め方としては

- 因果ループ内の負のリンクを数えてそれが偶数個（0 も偶数である）であれば、その因果ループは自己強化型である
- 逆に、因果ループ内の負のリンクが奇数個であれば、その因果ループはバランス型である

📖 ループ識別記号による可視化

　Loop は、ループの意味を簡潔に説明するラベルやループの方向を見せる矢印を有するグラフィカルな識別記号である。変数間の因果関係を定義するのではなく、システム内の変数が互いにどのように影響し合うかを大まかに示すために用いる。Loop を追加することで、モデルのユーザーがシステム全体の振る舞いを直観的に理解するのに役立つ。

　上記の図では、Loop *Contagion* は自己強化型の因果ループである。Stock *Infectious* は Flow *ExposedRate* を増加させ、それは Stock *Exposed* の増加につながる。従って、この因果ループ内における変数間の関係はすべて正の因果関係で構成されている。

　では、早速モデルの中にループ識別記号を追加しよう。

1. System Dynamics パレットからダイアグラム上へ Loop 要素をドラッグし、下図のように調整する。

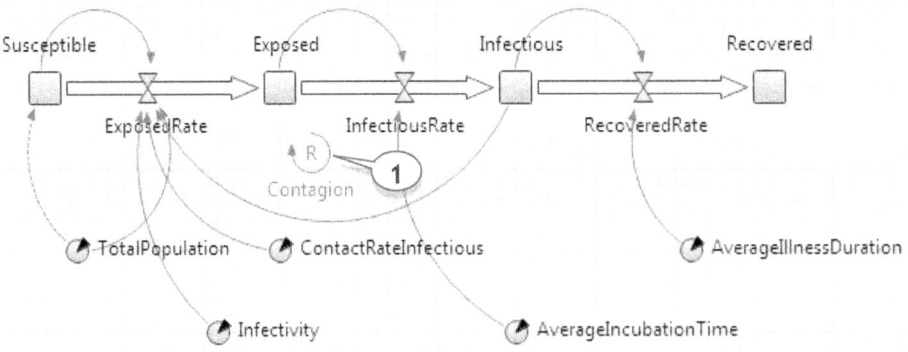

2. Loop の Properties ビューを開き、Type を R（Reinforcing 増加を表す）、Direction を Clockwise、Text（ループの近くに表示）に *Contagion* と記入する。

📖 時系列グラフによる可視化

次に、モデル内の人口（*Susceptible, Exposed, Infectious, Recovered*）の変化を可視的に表現するタイム・チャートを追加しよう。

3. Analysis パレットからダイアグラム上へ Time Plot をドラッグする。

4. 次図のように Time Plot を拡張する。

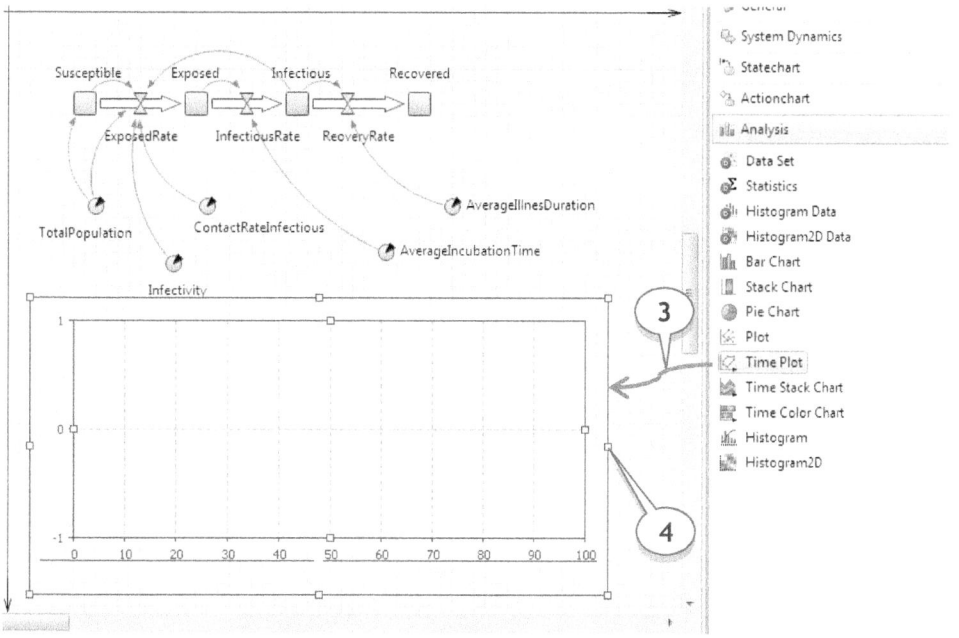

5. Properties ビューで Add data item をクリックする。

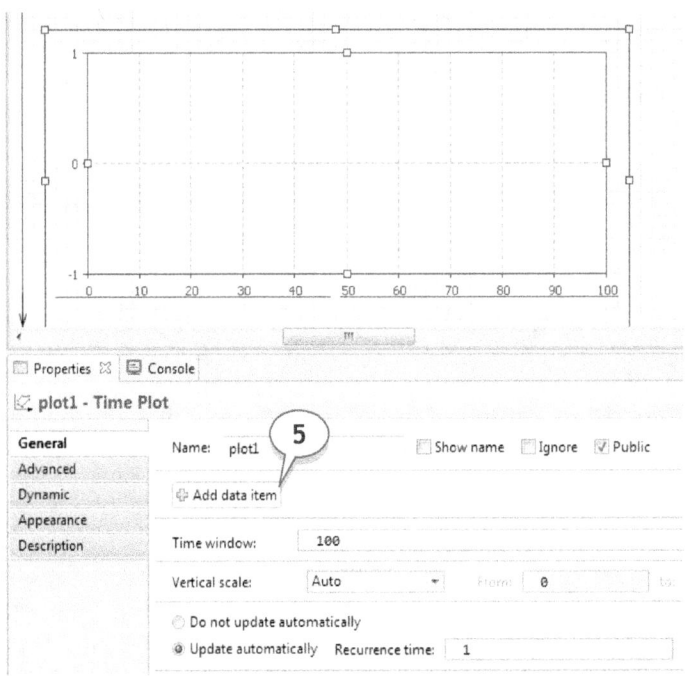

6. データ項目のプロパティを変更する。

- Title: *Susceptible people*
- Value: *Susceptible*（コード入力の補助を使う）

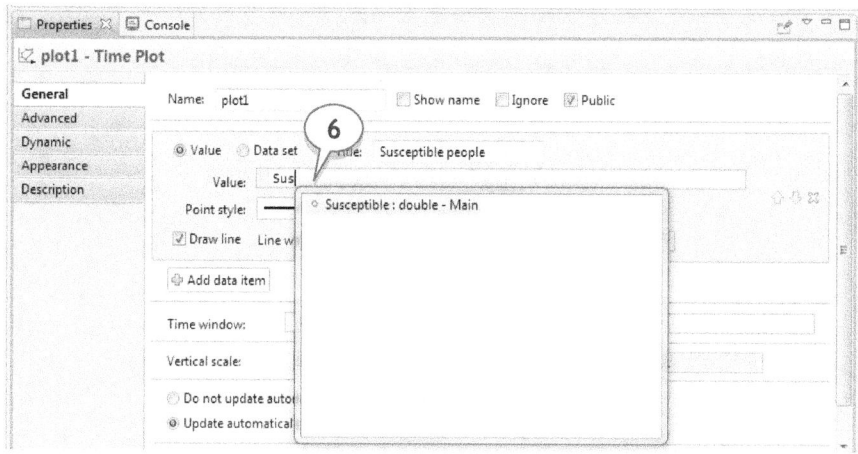

7. Stock (*Exposed*, *Infectious*, *Recovered*) の値を表示するために3つの
データ項目を追加し、同様に設定する（**Title** のつけ忘れに注意）。

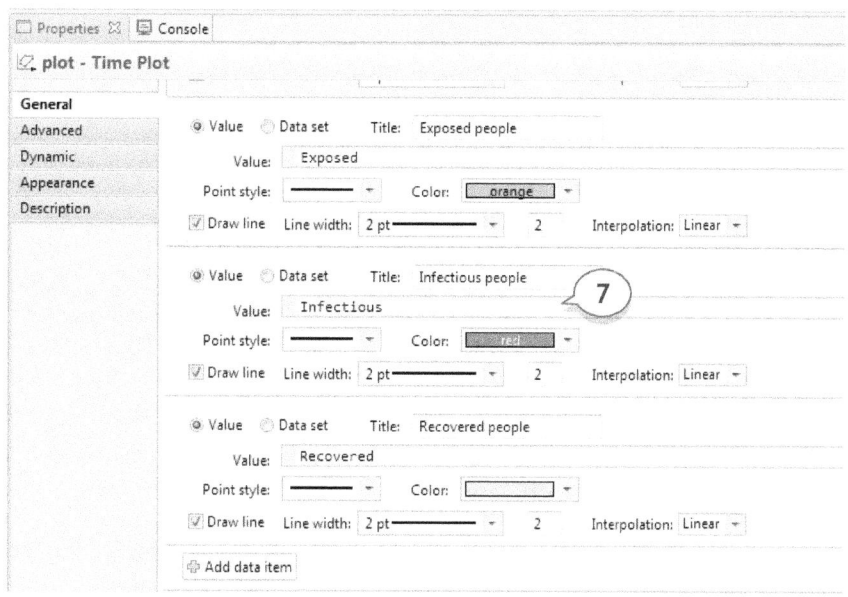

8. これでモデルが完成した。モデルを実行し、システムの動的な振る舞いを確認しよう。

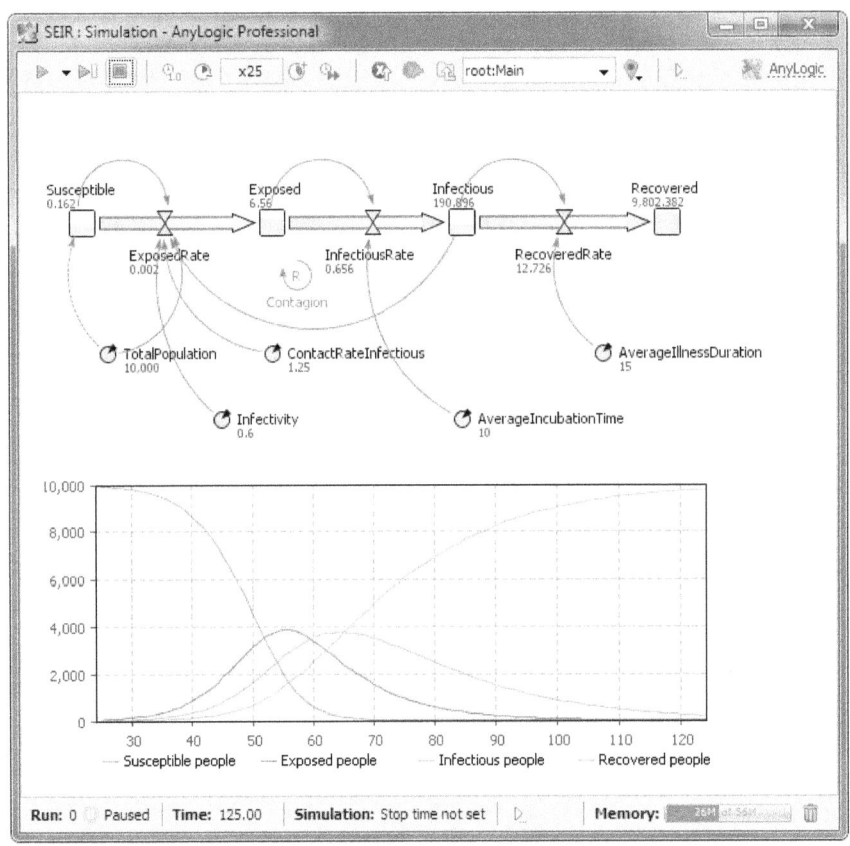

以上で AnyLogic を用いてモデル構築を行うための技術は揃った。今後は AnyLogic Help や AnyLogic の How-To Models を適宜利用しながらモデルの構築を実際に進めて欲しい。

AnyLogic では、Get Support ボタンを使うことで既に構築されたサンプルモデルを利用することや、あなたが構築したモデルに関してサポートチームから支援を受けることができる。さらに AnyLogic のライセンスを購入すれば、年間契約で技術的な支援を受けることができる。

訳者あとがき

　不確実性に満ち溢れた現代においてビジネスが持続的に成功するためには、個別のステークホルダー間の利害バランスに着目し、時系列でのダイナミックな関係性の変化を考慮しながら最適な意思決定を行う必要がある。しかし、MBA 学生が一般に学ぶようなフレームワーク分析やケーススタディー等の手法のみではビジネスシステムの長期的振る舞いを評価するには限界がある。そこで、コンピュータ上の仮想的な空間にモデルを構築し、ビジネスシステムの特徴的な振る舞いを再現することで、ある条件の下で選択すべき最適な意思決定や、あるいは、望ましい理想的な状態を作り出すための要求条件を迅速に、かつ、低コストで導出することが可能となる。ビジネスモデリングとシミュレーションの価値はまさにここにある。消費者行動、市場の成長と競争、工場のオペレーションといった様々なビジネスシーンを仮想的空間で再現し、仮説を検証する能力を、これからのビジネス実務家は必ず身に付けておくべきであろう。

　本書の原書である「AnyLogic 6 in Three Days」は、ビジネスモデリングとシミュレーションの基礎を 3 日間で学習することを念頭に置いて書かれている。ソフトウェア AnyLogic を使うことにより、離散事象シミュレーション、エージェントベースシミュレーション、そして、システムダイナミクスという 3 種類の異なる技法を同時に学ぶことが可能になるが、それぞれの技法の背後にある理論を理解するには時間も紙面も十分ではない。しかし、実務家が MBA 的な手法から一歩前に踏み出し、仮想的な世界でアイデアを定量的にテストすることの価値を実感するには十分な内容が盛り込まれている。また、本書はシミュレーション経験のない初学者が段階を追ってモデルを構築することができるよう、可能な限り作業ステップを図解し、理論面の解説を適宜加えながら記述されている。本書によりビジネスモデリングとシミュレーションの価値を体感し、更に発展的学習へと進まれることを期待したい。

本書の翻訳にあたり、町井里会さん、テックサポートマネジメント社の原社長、猿渡様には様々な形でご協力を頂いた。最後に、この場を借りてお礼を申し上げたい。

2013年9月吉日

慶應義塾大学大学院

システムデザイン・マネジメント研究科

湊　宣明

著者紹介

Ilya Grigoryev（イリヤ・グリゴレフ）

AnyLogic社主席テクニカルライター。複数企業でシミュレーション専門コンサルタントとしての実績を積んだ後、AnyLogic社で10年以上に渡りシミュレーション・ソフトウェアの開発に従事。AnyLogicの主要ドキュメント作成や訓練コース開発を担当し、米国、欧州、アフリカ、およびアジアにおいてAnyLogicトレーニングの講師を務めている。

訳者・監訳者紹介

湊　宣明（みなと　のぶあき）

慶應義塾大学大学院システムデザイン・マネジメント研究科特任准教授。博士（システムエンジニアリング学、慶應大学）。宇宙開発事業団(NASDA)、宇宙航空研究開発機構（JAXA）を経て、現在、同大学院にてビジネスシステムダイナミクス、サプライチェーン・マネジメント、アントレプレナーシップ等の講義を担当。複合的なモデリング・シミュレーション技術を用いて持続可能なビジネスシステムの設計と管理、評価と再生に関する研究を行っている。

翻訳協力

町井　里会

テックサポートマネジメント有限会社

www.ingramcontent.com/pod-product-compliance
Lightning Source LLC
Chambersburg PA
CBHW080242180526
45167CB00006B/2381